JN123011

学校と教師のための労働相談Q&A 41

スクールロイヤーと学ぶ学校の働き方

神内　聡・小國 隆輔・坂本 順子 ｜ 編著

日本加除出版株式会社

ま え が き

　「これからは学校にも法律に精通した人材が必要なのではないか」、これが私がロースクールに進学した動機の1つでした。学校を離れてみると、当たり前と思っていたことがそうではないことに気づかされました。給食指導の時間は一般には昼休みとなっていること、職場によってはフレックスタイム制など柔軟な勤務体制がとられていること、同じ公務員でも残業代がつく職種もあること等々。もっとも、朝から分刻みで校内を動き回っていた教員生活ながら、それを苦と感じていたわけでもなく、顧みて充実した楽しい時間でもありました。

　ところが、昨今、教職希望者が減ってきていると聞きます。これは学校現場の多忙さに加え、ブラックな職場であるとのイメージが定着しつつあることが理由として考えられ、教員の働き方改革が求められるようにもなりました。このような流れを受けて、各地域で学校法務に日々携わる弁護士が集まって知恵を出し合ったのが本書です。刻々と変化する社会にあって、本書が学校現場にいかされ、問題を考えるきっかけとなり、あるいは少しでもお役に立つことができましたら幸いです。

　教員は子どもたちの最も身近にいる社会人です。先生方が生き生きと働く姿を見ながら、子どもたちが将来に対する夢を育んでいける、そんな学校現場であってほしいと願っています。

　2022年9月

　　　　　　　　　　編者を代表して　坂 本 順 子

凡　例

1　法令の略記について

給特法　→　公立の義務教育諸学校等の教育職員の給与等に関する特別
　　　　　　措置法

人確法　→　学校教育の水準の維持向上のための義務教育諸学校の教育
　　　　　　職員の人材確保に関する特別措置法

パート有期法　→　短時間労働者及び有期雇用労働者の雇用管理の改善
　　　　　　　　等に関する法律

個人情報保護法　→　個人情報の保護に関する法律

ストーカー規制法　→　ストーカー行為等の規制等に関する法律

働き方改革関連法　→　働き方改革を推進するための関係法律の整備に
　　　　　　　　　　関する法律

育児・介護休業法　→　育児休業、介護休業等育児又は家族介護を行う
　　　　　　　　　　労働者の福祉に関する法律

男女雇用機会均等法　→　雇用の分野における男女の均等な機会及び待
　　　　　　　　　　　遇の確保等に関する法律

労働施策総合推進法　→　労働施策の総合的な推進並びに労働者の雇用
　　　　　　　　　　　の安定及び職業生活の充実等に関する法律

2　判例の略記について

最判平成12年3月9日民集54巻3号801頁

　→　最高裁判所平成12年3月9日判決最高裁判所民事判例集54巻3号
　　　801頁

さいたま地判令和3年10月1日労判1255号5頁

　→　さいたま地方裁判所令和3年10月1日判決労働判例1255号5頁

3　文献略記について

民集	→	最高裁判所民事判例集
集民	→	最高裁判所裁判集民事
判時	→	判例時報
判タ	→	判例タイムズ
労判	→	労働判例
労経速	→	労働経済判例速報

4　用語の略記について

ALT	→	Assistant Language Teacher
中教審	→	中央教育審議会
中体連	→	日本中学校体育連盟
高体連	→	全国高等学校体育連盟

目 次

目　次

目 次

第2章　部活動の労働問題

員に任せたところ、それを知った保護者から「遊びに行くために仕事をサボるのか」というクレームが入った場合、どのように対応すればよいでしょうか。

Q. 部活動業務で顧問が自分の自動車を使用した場合、ガソリン代を学校に請求できるでしょうか。また、部活動中に生徒の体調が悪くなり、顧問が自分の車で病院に連れて行った場合はどうでしょうか。

第3章 教育現場の様々なワークルール

Q. 学校内で教員同士の交際が生徒間で噂になり、保護者からも否定的な意見が出されました。教員に交際をやめさせたり、交際を理由に懲戒処分を行ったりすることはできるでしょうか。

Q. 保護者から教員に対して、「スウェット姿で授業をするのはおかしい、教師としてふさわしくない」というクレームが入ったことを受けて、その教員に服装を変えさせたり、服装を変えないことを理由に懲戒処分を行ったりすることはできるでしょうか。

目 次

終 章 教員出身の弁護士が考える 学校の働き方改革について【座談会】

序 章

弁護士として教員の
働き方を考える

❶ 教員の労働問題は社会問題

　文部科学省が2016年に実施した調査[1]によれば、公立小中学校教員の１週間当たりの学内総勤務時間は、小学校教諭で57時間29分、中学校教諭で63時間20分になり、１か月当たりで学内総勤務時間中の時間外・休日労働時間を換算すれば、それぞれ約68時間、約94時間になります。特に学内総勤務時間が多いのは、小中学校とも副校長・教頭です。しかも、この時間は学内で勤務した時間のみが対象であり、持ち帰ってせざるを得なかった仕事の時間は含まれていません。

　一方、2019年より順次施行されている働き方改革関連法では、時間外労働時間の上限を１か月で45時間以内、かつ１年間で360時間以内を原則としています。つまり、現状の公立小中学校教員の労働時間はこれを大幅に上回っているのです。

　本来であれば、公立学校教員には給特法と呼ばれる法律が適用され、四つの業務以外の残業は認められていません。しかし、実際には先生たちは様々な業務で事実上の残業を強いられています。このため、文部科学省は2020年４月より改正給特法を施行し、教員の勤務時間の上限を定めた指針を策定しました。しかし、同指針は一般的な労働基準法の労働時間とは異なる「在校等時間」と呼ばれる特殊な概念を用いており、抜本的な解決には至っていません。また、私立学校や国立学校は民間企業と同様に労働基準法に基づいて残業に対応しますが、本来であれば支払われるべき残業代が支払われていない学校も少なくなく、公立学校と同様に長時間労働が問題になっています。

　教員の労働問題を抜本的に解決するためには、「教員数を増やす」「業務量を見直す」というのが当然の帰結ですが、スクールロイヤーをはじめとする外部人材を増やす予算は付けられても、肝心の教員自体を増やす予算はなかなか付きません。業務量も新しい教育政策が打ち出される度に増加する一方であり、ここ数年は新型コロナウイルス

対応もしなければならず、多くの先生たちは疲弊しています。

　こうした状況を受けて、教員志望者数も年々減少しており、教員の質の確保が難しくなっていることが指摘されています。教員の労働問題は、今や多くの人に認識されている社会問題でもあるのです。

❷ 教員の仕事に見合うワークルールをどう考えるか

　現状の教員の労働問題をめぐる議論では、「給特法の廃止」「部活動の外部委託」の二つが中心的なテーマになっています。しかし、実際はこれだけで問題が解決するという単純なものではありません。

　教員の労働問題の解決が難しい一因として、ひとくくりに教員といっても校種・教科・校務・部活動等によって仕事量も働き方も全く異なっており、専門的で裁量の大きい仕事であるため、統一的なワークルールの適用が難しいという点があります。そのため、ある教員にとっては働きやすくなったとしても、別の教員にとっては働きづらくなってしまうおそれがあります。

　また、学校は民間企業と比べて管理職の数が非常に少なく、校長と教頭の二人しか管理職のいない学校が大半です。しかもほとんどの管理職は教員出身であり、授業や生徒指導といった教育活動は得意であっても労務管理は専門外です。そのため、ただでさえ裁量が大きく労務管理が難しい教員の仕事を、校長と教頭の二人で管理することは容易ではありません。

　労働基準法に基づいて教員に残業代を支給した場合、「意図せざる結果」がもたらされる可能性もあります。日本の労働基準法は、労働者の能力や成果・労働密度ではなく、労働時間に基づいて賃金を決めます。そのため、もし労働基準法を杓子定規に適用すれば、部活動が大好きで毎日指導したい先生が残業代を求めて「ブラック部活動」化させる、あえて残業代を求めてダラダラと授業準備をする、同じ残業

をしても残業代の算定基礎となる基本給が高いベテラン教員が若手教員よりも残業代をもらえる、といった弊害が生じるかもしれません。また、責任ばかり重くて残業代がもらえなくなる管理職になるよりも、授業準備や部活動で残業代がもらえる教諭のままのほうがよいと思えば、ますます管理職の成り手がいなくなるかもしれません。

　民間企業ではこうした弊害を適切な労務管理や合理的な賃金体系で防止しようとしますが、教員は各人の仕事の成果が測りづらく、自分のペースで仕事をしたい人が多いため、民間企業で取り入れられている制度を教員に導入したとしても適切に機能するとは限りません。

　このような点から、実際に教員の労働問題に関して学校から相談を受けている弁護士も、先生たちにとって働きやすいワークルールを考案するために悩んでいます。本書で紹介する内容には、そのような弁護士の悩みが随所に示されています。

❸ スクールロイヤーは労働問題にどのように関わるべきか

　最近は学校の法律問題を扱う弁護士として、「スクールロイヤー」と呼ばれる弁護士が注目されています。スクールロイヤーの定義は明確ではありませんが、日本弁護士連合会が2018年に発表した「『スクールロイヤー』の整備を求める意見書」[2]では「学校現場で発生する様々な問題に対して、裁判になってから関わるのではなく、むしろトラブルが予測されそうな段階から、学校の相談相手としての立場で、子どもの最善の利益の観点から、教育や福祉、子どもの権利等の視点を取り入れながら継続的に助言する弁護士」をスクールロイヤーと称し、学校設置者である自治体や学校法人の顧問弁護士とは区別した職域を示しています。

　しかし、実際にはスクールロイヤーが教員の労働問題を取り扱うことはほとんどありません。前述の日本弁護士連合会の意見書も、最近

文部科学省が発表した「教育行政に係る法務相談体制構築に向けた手引き」[3]においても、スクールロイヤーが担当する業務として教員の労働問題は想定されていません。むしろ、実際に教員の労働問題を専ら担当しているのは学校設置者の顧問弁護士です。

　では、スクールロイヤーが教員の労働問題を取り扱うことはできないのでしょうか。そもそもスクールロイヤーの導入には教員の負担を軽減する目的があり、言わば業務改善の一環としての意味合いも含まれています。そうであるならば、スクールロイヤーは教員の労働問題に積極的に関わるほうが望ましいかもしれません。

　もっとも、スクールロイヤーが教員の労働問題に関わることは決して簡単ではありません。前述のとおり、スクールロイヤーは「子どもの最善の利益」のために学校に助言する弁護士です。しかし、教員の働き方改革を進めることが、必ずしも子どもの最善の利益を実現するとは限りません。教員の業務改善を進める上では、これまで当然のように行われてきた子どもたちへの教育サービスを削減せざるを得ないからです。もちろん、教員の働き方改革を進めて、先生たちが働きやすい労働環境のほうが子どもたちの教育にとってもプラスになるという思考は、理念としては正しいのですが、実際上はそう単純ではありません。むしろ、現実には子どもの最善の利益の観点から示したスクールロイヤーの助言が、かえって教員の業務負担を増やしたり、労働時間を長期化させるリスクすらあります。

　また、教員の労働問題の大半は、管理する立場である学校設置者や管理職と、管理される立場である一般教員との間で生じます。しかし、ほとんどのスクールロイヤーは学校設置者からの依頼を受けて相談に応じるため、労働問題に関わる際には利益相反の問題が生じやすくなります。弁護士にとって利益相反の可能性は重大なリスクですので、スクールロイヤーの立場から教員の労働問題に関わる際には慎重にな

らざるを得ず、積極的に関わることは非常に難しいのが現実です。

　したがって、スクールロイヤーが教員の労働問題に関わる際には、子どもの最善の利益を実現する方向性と矛盾せず、かつ弁護士としてリスクが回避できる形態を構築する必要があります。

❹ 教員のワークルール研究の問題点

　教員のワークルールは研究者にとっても関心の高い研究テーマです。しかし、実情として研究成果は必ずしも教員にとって適切なワークルールの構築にはつながっていません。その理由としては、次のような問題点が挙げられます。

　第一に、教員の労働環境に関するデータは信頼性に乏しい点です。例えば、教員の労働時間は文部科学省・研究者・民間企業のそれぞれが何度も調査していますが、どの調査も労働時間は教員の自己申告であり、（民間企業の業務改善作業で行われるような）客観的に第三者がモニタリングしたものではありません。このため、これらの調査は教員の労働実態とかけ離れた結果になりがちです。労働時間は教員のワークルールに関する実証研究を行う上では極めて重要な変数ですが、このように信頼性に乏しいデータに基づく研究から得られる知見は極めて限定的なものにならざるを得ません。

　第二に、教員の労働環境を分析・考察するに当たっては、様々な交絡因子を統制することが難しい点です。今日の法律学以外の社会科学では、統計的因果推論と呼ばれる手法が広く用いられていますが、前述のように、教員の仕事は校種・教科・校務・部活動等によって仕事量も働き方も全く異なっており、裁量や個人のペースにも大きく左右されるため、労働時間やストレス等に影響を与える要因を統計的に分析することは容易ではありません。また、裁判所や研究者は教員の仕事の特殊性にしばしば言及しますが、実際のところ日本の教員は社会

人経験者が少なく、離職率も低いため、教員の労働問題を他の職種と比較分析することが難しく、「教員の仕事が他の仕事と比べてどのような点で特殊なのか」はほとんど実証されていません。

　第三に、日本における教員の労働問題の議論では、教育の成果の視点からの問題意識はほとんど示されていない点です。アメリカでは教員のワークルールを議論する上で、教員の仕事の成果やパフォーマンスを計量的に分析し、労務管理や賃金体系に反映させる取組みがなされています（代表的な手法として、教員の仕事が生徒の学力に与える影響を付加価値と捉えて計量的に測定し、賃金に反映するValue-added Modeling（付加価値理論）が実際に導入されています。）。しかし、日本では教育の成果の視点は教員の労働問題の議論で必ずしも重視されていません。例えば、教員の労働問題を議論する上で部活動の外部委託は重要なテーマになっていますが、学校で行われる部活動が子どもたちの能力に与える効果と、週に何時間も費やしている学校での英語教育の効果のどちらを優先すべきか、という視点はほとんど議論に出てきません。

　日本の教員のワークルールに関する研究はこのような問題点を抱えた状況で行われているため、科学的な厳密性を欠いた論理に基づいて議論をせざるを得ない状況にあります。

❺　本書の意義と弁護士が教員のために果たすべき役割

　言うまでもなく、ワークルールは労働者を守るためのルールです。そのため、労働者の労働実態を反映したルールであることが望ましいといえます。しかし、例えば、仮眠時間を労働時間として評価する判例のように、科学的に労働実態を観察すれば疑問を抱くワークルールも存在します。教員のワークルールを議論する際も、教員の労働実態を科学的に観察した上で厳密な論理を示していく必要があると考えられます。

　弁護士は法律の専門家として、コンプライアンスの観点から先生たちが法令にのっとった適切な労務管理の下で働けるように、学校の働き方改革を進めていかなければなりません。一方で、弁護士は先生たちが実際にどのような働き方をしているのか、その実態も十分に理解しながら法制度の改善を提言していく役割も担っています。本書を執筆した弁護士は単に法律の視点だけではなく、「どのようなワークルールであれば先生たちが働きやすく、子どもたちにより良い教育を提供することができるのか」といった教育的な視点も常に意識しながらQ&Aの回答を執筆しています。

　本書は、より良い教育のために必要なワークルールを、弁護士が先生たちとともに考えるきっかけの一つになると思っています。子どもたちのために心血を注いで働いている先生たちが報われるようなワークルールを、学校に関わる弁護士らで知恵を絞って示していきたいと考えています。

参考文献

神内聡『学校弁護士　スクールロイヤーが見た教育現場』（KADOKAWA、2020）
神林寿幸『公立小・中学校教員の業務負担』（大学教育出版、2017）
橋野晶寛「教員の厚生と文脈・労働環境要因―実証研究の知見の整理と方法的検討―」東京大学大学院教育学研究科教育行政学論叢41巻55-71頁
村上祐介=藤井基貴=樋口修資=島田陽紀=佐久間亜紀「教員の働き方改革と教職の専門職性」教育学研究87巻1号64-90頁
小嶌典明『労働法の「常識」は現場の「非常識」』（中央経済社、2014）

1　文部科学省「教員勤務実態調査（平成28年度）」（2017）。
2　日本弁護士連合会「『スクールロイヤー』の整備を求める意見書」（2018）。
3　文部科学省「教育行政に係る法務相談体制構築に向けた手引き（第2版）」（2022）。

第1章

教員の労働時間

第1　「学校の働き方改革」答申

❶「学校の働き方」答申について

(1) 答申の作成経緯

　平成31年1月25日付で中央教育審議会が公表した「新しい時代の教育に向けた持続可能な学校指導・運営体制の構築のための学校における働き方改革に関する総合的な方策について（答申）」（以下「答申」）は、平成29年6月に中央教育審議会が文部科学大臣から「新しい時代の教育に向けた持続可能な学校指導・運営体制の構築のための学校における働き方改革に関する総合的な方策について」諮問されたことを受けて取りまとめられたものです。平成29年6月に初等中等教育分科会に「学校における働き方改革特別部会」（以下「特別部会」）が設置され、諮問に先立ち文部科学省が実施した32の団体及び有識者からのヒアリングも参照される形で議論が行われました。

　本審議会は、平成29年8月29日に緊急提言を取りまとめ、同年12月に「中間まとめ」を取りまとめました。文部科学省においては、この「中間まとめ」を踏まえ、同月に「学校における働き方改革に関する緊急対策」を取りまとめ、平成30年2月に「学校における働き方改革に関する緊急対策の策定並びに学校における業務改善及び勤務時間管理等に係る取組の徹底について（通知）」を発しました。

　その後、学校の組織運営体制の在り方、学校の労働安全衛生管理、勤務時間管理の徹底、時間外勤務の抑制に向けた制度的な措置等について審議が行われ、答申が取りまとめられました。

(2) 答申において示された学校における働き方改革

　平成30年7月に「働き方改革を推進するための関係法律の整備に関する法律」（以下「働き方改革推進法」）が公布されました。この法律は、

働き方改革を総合的に推進するため、長時間労働の是正等のための措置を講ずるものですが、この中で時間外労働の上限規制等を定めた労働基準法の一部改正や、医師による面接指導の対象となる要件の見直しや面接指導を実施するために事業者に対して労働者の労働時間の状況の把握を義務付けた労働安全衛生法の一部改正などが行われました。

答申において示された学校における働き方改革は、この働き方改革推進法を踏まえつつ、教師の長時間勤務の要因についての分析結果を踏まえ、膨大になってしまった学校及び教師の業務の範囲を明確にし、限られた時間の中で、教師の専門性を生かしつつ、授業改善のための時間や児童生徒に接する時間を確保できる勤務環境を整備するためのものと説明されています（中央教育審議会における検討の視点として、①勤務時間管理の徹底と勤務時間・健康管理を意識した働き方の促進、②学校及び教師が担う業務の明確化・適正化、③学校の組織運営体制の在り方、④教師の勤務の在り方を踏まえた勤務時間制度の改革、⑤学校における働き方改革の実現に向けた環境整備が示されています。）。具体的には、「公立学校の教師の勤務時間の上限に関するガイドライン」（以下「上限ガイドライン」）を踏まえた各地方公共団体の条例・規則等に基づく勤務時間管理の徹底、及び学校や教師の業務の明確化・適正化による勤務の縮減を図る施策を中心とし、学校の組織運営体制、勤務時間制度の改革、環境整備にも言及する内容となっています。

(3) 勤務時間管理の徹底と勤務時間・健康管理を意識した働き方の促進（答申第3章）

勤務時間管理は、労働法制上、校長や服務監督権者である教育委員会等に求められている責務です。労働安全衛生法の改正によりその責務は改めて明確化されており、厚生労働省の「労働時間の適正な把握のために使用者が講ずべき措置に関するガイドライン」（平成29年1月20日）において要求される労働者の労働日ごとの始業・終業時刻の確

認及び適正な記録は、国公私立を問わず、全ての学校において適用されることが答申においても確認されています。

　勤務時間管理における負担軽減の観点から、服務監督権者である教育委員会等は、自己申告方式ではなく、ICTの活用やタイムカードなどにより勤務時間を客観的に把握し、集計するシステムを直ちに構築することが必要であることも指摘されています。

　勤務時間の範囲及びその上限の目安については、文部科学省が平成31年1月25日付で策定した上限ガイドラインが示されています。

(4) 学校及び教師が担う業務の明確化・適正化（答申第4章）

　答申は、これまで学校・教師が担ってきた代表的な業務を14類型に分類し、それぞれについて、法令上の位置付けや従事している割合、負担感、地方公共団体での実践事例等を踏まえつつ、その業務が、①学校以外が担うべき業務（⑴登下校に関する対応、⑵放課後から夜間などにおける見回り、児童生徒が補導された時の対応、⑶学校徴収金の徴収・管理、⑷地域ボランティアとの連絡調整）、②学校の業務だが必ずしも教師が担う必要のない業務（⑸調査・統計等への回答等、⑹児童生徒の休み時間における対応、⑺校内清掃、⑻部活動）、③教師の業務（⑼給食時の対応、⑽授業準備、⑾学習評価や成績処理、⑿学校行事の準備・運営、⒀進路指導、⒁支援が必要な児童生徒・家庭への対応）のいずれであるかを仕分けています。

　その上で、①については他の主体に対応を要請し、②については教師以外の担い手を確保し、③についてはスクラップ・アンド・ビルドを原則とすることで、学校・教師に課されている過度な負担を軽減するという方向性を示し、別紙で小中学校における取組例及び在校等時間の縮減の目安を示しています。

　なお、代表的な業務については、「過去の裁判例等を見ても法的にその全ての責任を学校・教師が負うというわけではなく、保護者や地域から学校への過剰要求は認められないこと」について、文部科学省

がメッセージを発出することを求めています。

(5) 学校の組織運営体制の在り方（答申第5章）

答申は、学校組織の効果的運営のため、①校長や副校長・教頭に加え、主幹教諭、指導教諭、事務職員等のミドルリーダーがリーダーシップを発揮できる組織運営、②ミドルリーダーが若手の教師を支援・指導できるような環境整備、③事務職員やサポートスタッフ等との役割分担や、事務職員の質の向上、学校事務の適正化と事務処理の効率化が必要としています。

(6) 教師の勤務の在り方を踏まえた勤務時間制度の改革（答申第6章）

答申は、給特法の今後の在り方について、超勤4項目（後述Q1参照）以外の業務のための時間についても勤務時間管理の対象とし、その縮減を図ることが必要としつつ、①給特法を見直して労働基準法を原則とすべき、という意見に対して、教育の成果は必ずしも勤務時間の長さのみに基づくものではなく、人確法も含めた教師の給与制度も考慮した場合、必ずしも教師の処遇改善にはつながらない、②超勤4項目の廃止や三六協定を要するとすることは、現状を追認する結果になり、働き方の改善につながらない、また、学校において現実的に対応可能ではないとして、給特法の基本的な枠組みを前提に、働き方改革を確実に実施する仕組みを確立し成果を出すことが求められるとしています。教職調整額が「4％」とされていることについては、在校等時間縮減のための施策を総合的に実施することを優先すべきであり、必要に応じ中長期的な課題として検討すべきとし、即時の対応を避けました。

また、一定期間に集中した休日の確保が教職の魅力を高める制度として有効であり、授業等を行う期間と長期休業期間とで繁閑の差が存在しているとし、地方公共団体の条例やそれに基づく規則等に基づき、

適用できるよう法制度上措置すべきとし、「1年単位の変形労働時間制の導入」に言及しています。答申に対応する形で、改正給特法及び給特法施行規則において手当がなされ、給特法施行規則の施行日である令和3年4月1日から、法的には、地方公共団体の判断により、教師について1年単位の変形労働時間制を導入することが可能となっています。

なお、答申は、1年単位の変形労働時間制導入の前提として、文部科学省等は、①長期休業期間中の部活動指導時間の縮減や大会の在り方の見直しの検討要請、研修の精選等に取り組むべき、②学期中の勤務が現在より長時間化しないようにすることが必要であり、所定の勤務時間を延長した日に授業時間や児童生徒の活動時間を延長することがあってはならない、③育児や介護等の事情により配慮が必要な教師には適用しない選択も確保できるよう措置すべきとしています。

(7) 学校における働き方改革の実現に向けた環境整備（答申第7章）

答申は、学校における働き方改革の実現に向けた環境整備として、①教職員及び専門スタッフ等、学校指導・運営体制の効果的な強化・充実（小学校の英語専科や中学校の生徒指導等の教師、事務職員、スクールカウンセラー、スクールソーシャルワーカー、部活動指導員、支援スタッフ等の充実、スクールロイヤーの活用促進）、②勤務時間管理の適正化や業務改善・効率化への支援（地域人材による登下校対応等、校務支援システム導入、業務改善方針等の策定や学校宛ての調査・照会の精選、部活動数の適正化や地域クラブとの連携、学校給食費や学校徴収金の公会計化等の課題に対する支援）等に言及しています。

(8) フォローアップ

答申は、文部科学省に、業務改善状況調査等を通じて、学校における働き方改革の進展状況を市区町村ごとに把握し、公表することで、各地域の取組を促すことを求めています。また、3年後を目途に、教

員勤務実態調査（平成28年度）と比較できる形での勤務実態調査を行うべきとしています。

❷ 答申の内容に関する評価及び運用に関する留意点

(1) 1年単位の変形労働時間制について

　条例による1年単位の変形労働時間制の導入は、令和3年4月1日の施行に合わせて既に複数の自治体で行われています。しかし、改正給特法可決時の衆議院附帯決議（以下「附帯決議」）は、政府に対し、1年単位の変形労働時間制の導入の前提として、「現状の教育職員の長時間勤務の実態改善を図る」ことを求めています（4項）。次回勤務実態調査等により客観的に「実態改善」が図られたことの確認を待たず、条例制定をもって1年単位の変形労働時間制を適用するとすれば、附帯決議が求める前提条件を無視するものとの批判を免れないのではないでしょうか。

　また、附帯決議は、勤務時間上限に関する「業務量管理指針」や部活動ガイドラインの遵守を含んだ遵守事項を文部科学省が省令で定めるべきとする（4項）とともに、1年単位の変形労働時間制を導入する場合に、労働基準法施行規則の水準に沿って文部科学省令を定めること（5項）を要求しています。しかし、基本となるべき業務量管理指針自体の違反に罰則がないため、条例上定められた変形労働時間制における労働日及び労働時間に違反があっても罰則はないこととなりかねません。これを、果たして「労働基準法施行規則の水準に沿っ」た労働規制といえるのか、大いに疑問が残ります。むしろ、使用者の意向に沿った「繁忙期」に法定労働時間を超える勤務をさせることに法的根拠を与え、長時間勤務が過酷化することになりかねないのです。

　そもそも、1年単位の変形労働時間制の導入は、ある月の超過勤務時間が見かけ上減ったように見える効果を生むにすぎず、何ら本質的

な解決に資するものではありません。現在既に恒常的な超過勤務が存在している以上、教師側に民間の三六協定に相当する実効的な協定締結権が確保される必要がありますし、代償措置も必要なのではないでしょうか。

　教師の業務は、年間に明確な繁閑がある業務とはいえません。児童生徒が登校しない長期休みは極端な閑散期であろう、教師も一緒に長期休暇を取っているのだろうなどといった誤解を受けがちですが、実際には、児童生徒の長期休暇中にも授業準備、採点、成績処理、部活対応等の様々な業務が行われており、閑散期と評価されるべきものではありません。むしろ、長期休みが通常期であり、それ以外ほとんどが「児童生徒等に係る臨時的な特別の事情により勤務せざるを得ない場合」が恒常的に生じ得る繁忙期なのです。このような繁閑についての社会の重大な誤解を放置したまま、現状の法制度のもとでも対応可能な休日のまとめ取りが1年単位の変形労働時間制によって初めて達成できるかのような説明に賛同する形で1年単位の変形労働時間制を導入することは、拙速であると言わざるを得ません。

(2) 給特法の枠組みを維持することについて

　給特法を見直して労働基準法を原則とするのではなく、給特法の基本的な枠組みを維持するという答申の方向性については、教師側からの反対の声は必ずしも大きくはないようです。そこには、超勤4項目以外の業務についての指揮命令関係が条文上目立ちにくいという給特法の構造が多少なりとも影響を与えているように見受けられます。

　しかし、給特法の基本的な枠組みを維持した上で罰則を設けない「業務量管理指針」により上限時間規制を行うという答申の方針による限り、教育予算の不足を教育現場における自己犠牲精神や同調圧力を背景にした「自発的対応」や「持ち帰り残業」等により埋めてきた構造は根本的には変わらず、一部の地域、一部の学校において、より

密行的な形で残存するのではないでしょうか。

　給特法を見直して労働基準法を原則とする方向性は、児童生徒と日常的に直接に接しその人格的成長を支える教師の専門的裁量が、使用者の指揮命令権との関係でも十分に尊重されることが担保される限りにおいては、長時間労働解消の方策として給特法維持よりも直接的かつ実効的であり、引き続き選択肢として維持されるべきものと考えます。

第2　業務量管理指針
(旧「公立学校の教師の勤務時間の上限に関するガイドライン」)

❶ 業務量管理指針（旧「公立学校の教師の勤務時間の上限に関するガイドライン」）について

(1) 業務量管理指針作成の経緯

　中央教育審議会の答申と同日の平成31年１月25日、「公立学校の教師の勤務時間の上限に関するガイドライン」（以下「上限ガイドライン」）が文部科学省により公表されました。答申においては、学校現場における勤務時間管理の徹底が必要であることが示され（答申第３章「勤務時間管理の徹底と勤務時間・健康管理を意識した働き方の促進」）、上限ガイドラインの実効性を高めることの重要性が指摘されました。その後、上限ガイドラインは、答申の要求に沿う形で、改正給特法において法令上の根拠を与えられ、「公立学校の教育職員の業務量の適切な管理その他教育職員の服務を監督する教育委員会が教育職員の健康及び福祉の確保を図るために講ずべき措置に関する指針」（以下「業務量管理指針」）として令和２年１月17日に告示されています。

(2) 業務量管理指針の趣旨

　業務量管理指針策定の趣旨説明においては、「正規の勤務時間外に校務として行われる業務については、当該業務が時間外勤務を命じられて行うものでないとしても学校教育活動に関する業務であることについて正規の勤務時間内に行われる業務と変わりはなく、こうした業務も含めて教育職員が業務を行う時間を管理することが、学校における働き方改革を進める上で必要不可欠である」と指摘されています。

(3) 業務量管理指針の対象

　対象は、給特法２条に規定する公立の義務教育諸学校等（小学校、

中学校、義務教育学校、高等学校、中等教育学校、特別支援学校、幼稚園）の教育職員（校長（園長）、副校長（副園長）、教頭、主幹教諭、指導教諭、教諭、養護教諭、栄養教諭、助教諭、養護助教諭、講師、実習助手、寄宿舎指導員）です。事務職員等は対象外であり、これらの者については、「三六協定」の中で働き方改革推進法に定める時間外労働の規制が適用されます。また、私立学校や国立学校の教師については、公立学校の教師とは異なり、給特法が適用されず、労働基準法が全面的に適用されることとなるため、これらの者も対象外です。

(4) 業務量管理指針における勤務時間の考え方

　「超勤4項目」以外の自主的・自発的な勤務も含め、外形的に把握することができる在校時間を対象とすることを基本としています（所定の勤務時間外に自発的に行う自己研鑽の時間その他業務外の時間については、自己申告に基づいて除かれる。）。

　校外での勤務についても、職務として行う研修や児童生徒の引率等の職務に従事している時間について外形的に把握し、これらを合わせて「在校等時間」として、本指針における「勤務時間」としています（休憩時間を除く）。

(5) 勤務時間の上限の目安時間

①　1か月の在校等時間の総時間から条例等で定められた勤務時間の総時間を減じた時間が、45時間を超えないようにすること（1か月の在校等時間について、超過勤務45時間以内）

②　1年間の在校等時間の総時間から条例等で定められた勤務時間の総時間を減じた時間が、360時間を超えないようにすること（1年間の在校等時間について、超過勤務360時間以内）

　上記①②を原則としつつ、児童生徒等に係る臨時的な特別の事情により勤務せざるを得ない場合は、1か月の超過勤務100時間未満、1年間の超過勤務720時間以内（連続する複数月の平均超過勤務80時間以内、

かつ、超過勤務45時間超の月は年間6か月まで）としています。

　上記の目安時間は、学校における働き方改革が働き方改革推進法を踏まえて行われたという経緯のとおり、働き方改革推進法により罰則（6か月以下の懲役又は30万円以下の罰金）付きで定められた上限（時間外労働の上限は原則として月45時間・年360時間、臨時的な特別の事情があって労使が合意する場合（特別条項）でも、一定の条件（時間外労働が年720時間以内、時間外労働と休日労働の合計が月100時間未満、時間外労働と休日労働の合計について、「2か月平均」「3か月平均」「4か月平均」「5か月平均」「6か月平均」が全て1月当たり80時間以内、時間外労働が月45時間を超えることができるのは、年6か月が限度））とおおむね整合しています。もっとも、働き方改革推進法と異なり、学校における働き方改革の業務量管理指針には、違反の場合の罰則がありません。

　なお、労働安全衛生法等において、タイムカードによる記録、電子計算機の使用時間の記録等の客観的な方法その他の適切な方法による勤務時間の把握が事業者の義務として明確化されたことを踏まえ、指針上も、教育職員が在校している時間は、ICTの活用やタイムカード等により客観的に計測することとされています。

(6) 勤務時間の上限の実効性の担保

　教育委員会は、所管内の公立学校の教師の勤務時間の上限に関する方針等を策定し、実施状況について把握し、必要な取組を実施することとされ、上限を超えた場合には事後的な検証が求められています。

　また、文部科学省は、各教育委員会の取組の状況を把握し、公表することとされています。

　しかし、前述のとおり、答申はその上限を罰則を伴う法規として定めることを求めておらず、実際に上限ガイドラインが改正給特法において根拠づけられた現段階でも、業務量管理指針に定められた目安時間の超過に対する罰則は設けられていません。

(7) 留意事項

　指針においては、長時間労働防止の取組を講ずることなく職員に対し上限時間遵守を求めるのみであってはならないこと、虚偽記録があってはならないこと、持ち帰り業務の実態把握と縮減の取組が求められること等が留意事項として記載されています。

　また、上限ガイドラインの実施に当たっては、教育委員会は労働法制を遵守すること等も留意事項として示されていました。

　また、「公立学校の教師の勤務時間の上限に関するガイドラインの運用に係るQ＆A」によれば、「在校等時間」については労働基準法の労働時間とは異なるため、労働安全衛生法66条の8の3で規定されている面接指導を実施するために把握しなければならない労働時間は「在校等時間」ではなく、超勤4項目に従事する時間ですが、教師の健康を確保する観点から、各教育委員会に対して「在校等時間」も踏まえて面接指導の実施又は面接指導に準ずる措置を講じるよう努めることが示されています。

(8) Q＆A

　業務量管理指針の告示における添付資料（別添3）として、「給特法改正における主な国会答弁」（以下「Q＆A」）が示されています。

(9) 答申による検証の要求

　答申及び上限ガイドライン作成の際に参照されたのは、平成28年度に10年ぶりに実施され、平成30年9月に公表された教員勤務実態調査の結果です。

　答申は、文部科学省に各地での取組の進展を把握すべく、当該教員勤務実態調査と比較できる形で、3年後を目途に勤務実態の調査を行うことを求めています。

❷　ガイドラインの内容に関する評価

　答申は、罰則を設けないことについて「働き方改革推進法における
この制度改正は現在国家公務員や一般の地方公務員には適用されてい
ないことを踏まえると、公立学校の教師について罰則を伴う法規とす
ることは慎重であるべき」と説明しています。しかし、働き方改革推
進法が公務員に適用されていないのは働き方改革推進法が前提とする
労働基準法上の時間規制の適用を受けないからにすぎないこと、学校
における働き方改革が働き方改革推進法を踏まえて実施されることに
鑑みると、答申の説明は罰則を設けない理由を説得的かつ十分に示し
たもとのは言い難いのではないでしょうか。

　また、Q&Aにおいて、持ち帰り業務について在校等時間に含まな
いとしている点（＜第7条に規定する「指針」（上限時間関係）について＞3）
は、過重労働の密行化を許すものであって、給特法改正の趣旨に合致
しないと考えられます。当該Q&Aにおいては、将来的に持ち帰り業
務を在校等時間に含める方針を示すのではなく、校長が「児童生徒等
の資質、能力を育む上で、限られた時間の中でどの教育活動を優先す
るかを見定め、それを踏まえた適切な業務量の設定と校務分掌の分担
を図る」形で管理運営責任を果たす方向性が示されていますが、校長
が個々の子どもの資質、能力に対する認識を具体的に持つ機会は極め
て少なく、現実にかかる機会を持つのは担任であることを考えれば、
校長が一人一人の子どもについて優先すべき教育活動を判断すること
は困難です。子ども一人一人に必要な教育活動の判断を困難にする方
針は、「令和の日本型学校教育」として文部科学省が重視する「個に
応じた指導」とも合致しないように思われます。必要な持ち帰り業務
を在校等時間に含める制度設計が必要ではないでしょうか。

Tea Time 1
国私立学校と給特法の関係

　国私立学校の教員には給特法は適用されず、他の民間企業の労働者と同じく、労働基準法が適用されます。したがって、本来であれば、労働基準法36条により、労使間で三六協定を締結した上で、残業に対しては残業代を支払わなければなりません。また、残業を命じることができる業務ついても、超勤４項目に限定される公立と異なって、あらゆる業務について残業を命ずることができます。

　しかし、実際には多くの国私立学校で、公立学校と同様に、教員に対して教職調整額を導入し、残業時間に見合う残業代を支払っていない給与体系が導入されています。このような給与体系については、教職調整額を「固定残業代」（みなし残業代）として法的に評価することも可能ですが、ほとんどの学校で実際の残業時間に見合うだけの「固定残業代」（みなし残業代）になっておらず、三六協定も締結していない場合も少なくありません。したがって、このような給与体系は、形式的には労働基準法に違反する違法な給与体系です。

　もっとも、このような違法な給与体系が国私立学校の多くで導入された背景には、公立学校に適用される給特法の存在があるからでしょう。すなわち、国私立学校にとって、公立学校は市場における強大な競争者です。民間企業にとって同じ市場に公的組織が競争者として存在することは、経営上極めて重大な事項です。その公立学校が、超勤４項目のみならず、部活動や補習などの業務に事実上残業代を支払わない給与体系を運用している状況は、国私立学校が膨大な人件費をかけて部活動や補習などの業務を行わなければならない一方で、市場での強大な競争者が人件費をかけずに競争的な教育活動を行っていることになり、「民業圧迫」といっても過

言ではありません。つまり、給特法の存在は、市場原理に基づく経済学の視点からは、国私立学校の人件費に極めて不公正な制約を課しているのです。

　国私立学校の多くで違法な給与体系が導入されている背景にはこのような事情がありますが、形式的に労働基準法に違反する状況をどのように改善すればよいでしょうか。一つの方法としては、給特法に代わる給与体系を公立・国私立問わず、全ての教員に適用する法制度を構築することです。後述のように、裁判所は教員の仕事の特殊性に鑑みて特殊な給与体系を講じる必要性を示しており（Q1参照）、しかも裁判所は教員の仕事の特殊性を「公立」の教員に限定していません。教員の業務が自発性と創造性に依るところが大きく、単純に時間や結果によって計測できない性質を有する点や、教師としての責任と自覚に基づいて遂行される点は、公立教員であっても国私立教員であっても変わりません。したがって、本書では、教員の仕事の特殊性に応じて全ての教員に適用される特殊な給与体系を法制度として構築すべきであると考えています。

01 給特法と超勤4項目

Q. 公立学校の教師は残業代が支払われないと聞きましたが、本当でしょうか。

A. 給特法により、公立学校の教師には、①教職調整額が給料に上乗せされており、②政令で定めた「超勤4項目」に関する四つの業務については残業代が支払われず、③それ以外の業務については残業させてはならない、と定められています。裁判所によれば、給特法は、教員の仕事の特殊性に応じた給与体系を設ける必要があるために制定されたと考えられています。

❶ 公立学校教員に残業を命じることができる業務

　教員も労働者であり、本来であれば労働基準法により、法定労働時間を超える時間外勤務（「残業」）をすれば、割増賃金（「残業代」）が支払われます。しかし、公立学校の教員については、給特法により、政令で定める四つの業務についてのみ残業を命じることが認められ、かつ、その業務について、あらかじめ「教職調整額」と呼ばれる手当を給料に加算して支給することにより、残業代を支払わなくともよいことになっています。教職調整額は給料月額の4％です。

　そして、教員に残業を命じることができる四つの業務は「超勤4項目」と呼ばれ、

① 校外実習その他生徒の実習に関する業務

② 修学旅行その他学校の行事に関する業務

③ 職員会議（設置者の定めるところにより学校に置かれるものをいう。）に関する業務

④ 非常災害の場合、児童又は生徒の指導に関し緊急の措置を必要と

　　する場合その他やむを得ない場合に必要な業務
に該当する場合で、かつ、臨時又は緊急のやむを得ない必要があるときに限られます。

　つまり、それ以外の業務については公立学校の教員に残業を命じることはできません。仮に、教員が法定労働時間外にそれ以外の業務を行っている場合も、それは「自発的行為」と扱わざるを得ません。

　上記の超勤4項目に該当しない業務としては、部活動、生徒指導、保護者対応、補習などがあります。したがって、これらの業務で残業を命じることはできず、残業代も支払われません。裏を返せば、これらの業務での残業は法律上存在しないということになります。

　では、なぜこのような給特法が制定されたのでしょうか。実際には、同法が制定される1971年以前は、公立学校の教員についても労働基準法が適用され、同法を根拠とした残業代請求訴訟が相次いでおり、教員側の勝訴により多額の残業代が裁判上で認められていました。こうした中で、教員の仕事を一般の労働基準法に基づいて評価することは適切でないと考える見解が有力視され、給特法が制定されるに至りました。つまり、給特法は教員の仕事の特殊性に鑑みて、特殊な給与体系を導入したのです。

❷　給特法に関する裁判所の見解

　裁判所も給特法の趣旨について、教員の職務と勤務の特殊性に基づくものであると考えています。例えば、教員の職務は、本来的に「自発性、創造性に期待するところが大きいという面で、いわゆるプロフェッションの一員として、一般的な職業とは異なった特質を持つ」と解しており、その職務と勤務の特殊性に応じた給与体系を定めることは合理的であると考える裁判例[1]があります。また、教員の携わる教育活動は、それ自体完結したものではなく、その内容の質及び量に

おいて、教育職員の創意工夫により際限なく広がり得る特性を持つことから、単純に時間や結果によって計測できない性質を有するうえ、教育という重要な職務に関わる教師としての責任と自覚に基づいて遂行されなければならないという特質を有するとして、その職務の特質から給特法によって特殊な給与体系を講ずる必要があると考える裁判例[2]もあります。

　もっとも、本書でも示しているとおり、給特法は極めて問題の多い法律であり、現職教員だけでなく、労働法を専門とする研究者や弁護士からの批判も大きいです。本書も、教員の仕事の特殊性については労働法上も最優先に考慮しなければならない事項であると考えますが、一方で給特法が制定された1971年と現在の教育現場では教員の仕事は大きく変容しており、給料の4％の教職調整額では到底評価できるものではありません。このように、もはや給特法制定当時の立法事実は失われていることから、給特法に代わる教員の仕事の特殊性に応じた給与体系を導入する必要があるでしょう。

　この点で、近時、公立小学校教員の残業代が争われた事件において、裁判所が判決文で、給特法は現在の教育現場の実情に適合していないのではないかとの思いを抱かざるを得ず、働き方改革による業務の削減を行い、勤務時間の管理システムの整備や給特法を含めた給与体系の見直し等を早急に進め、教育現場の勤務環境の改善が図られることを切に望む、と付言した点が注目されます[3]。

1　札幌高判平成19年9月27日裁判所ウェブサイト。
2　大阪高判平成21年4月16日判例集未登載。
3　さいたま地判令和3年10月1日労判1255号5頁。

1　注目を集めた二つの訴訟

　最近、教員の労働問題に関する二つの訴訟が注目されています。一つは
埼玉県の公立小学校教員が残業代を請求した訴訟（以下「埼玉教員残業代訴
訟」）、もう一つは大阪府の府立高校教員が過重労働により精神疾患になっ
たとして損害賠償を請求した訴訟[1]です。いずれも原告がインターネット
上で訴訟内容を紹介するなどして社会に問題提起したことで大きな話題に
なりました。

　このうち、埼玉教員残業代訴訟は第一審[2]・控訴審[3]ともに結論として
原告の請求自体は棄却されたものの、第一審裁判所は、給特法がもはや教
育現場の実情に適合していないのではないかとの思いを抱かざるを得ず、
現場の教員の意見に真摯に耳を傾け、教育現場の勤務環境の改善を切望す
ると付言し（Ｑ１参照）、原告が訴訟を通じて教員の労働問題を社会に提議
したことは意義があると示しています。

2　教員の残業代請求に対する裁判所の考え方

　もっとも、埼玉教員残業代訴訟で第一審・控訴審が示した法律論は、原
告だけでなく教員の労働問題に取り組む関係者からは厳しく批判されてい
ます。

　まず、裁判所は公立学校教員に対して給特法及び地方公務員法により労
働基準法37条が規定する時間外労働に対する割増賃金の適用が除外され
ている趣旨について、教員の自主的で自律的な判断に基づく業務と校長の
指揮命令に基づく業務とが日常的に渾然一体となって行われていることか
ら、これを正確に峻別することが困難であるという教員の職務の特殊性か

　ら、教員は一般労働者と同じ定量的な労働時間の管理にはなじまないとの判断を基礎として、勤務時間の内外を問わずその職務を包括的に評価した対価としての教職調整額を支払う代わりに時間外勤務を命令できる場合を超勤４項目に限定し、教員の勤務時間の長期化を防止しようとしたものであると述べ、給特法の解釈論としては、公立学校教員に労働基準法37条の割増賃金の適用を除外していることは不当ではないと判断しています。

　しかし、裁判所のこの判断は、教員の職務の特殊性は公立学校教員と国私立学校教員で本質的に異なるわけではないにもかかわらず、なぜ公立学校教員（教育職員）のみが労働基準法37条の割増賃金の適用を除外されるのかという点に関して説得的な法理を示していません[4]。

　また、裁判所は給特法が教員の労働時間を定量的に管理することを前提としておらず、校長の指揮命令に基づく各教員の労働時間を的確に把握できる方法がないことから、教員の労働時間が法定労働時間を超えていたとしてもそれだけで国家賠償法上違法にはならないと判断しています。

　しかし、現状では給特法７条により、教員の業務量を適切に管理する指針が定められており、在校等時間をICTの活用やタイムカード等により客観的に計測することが求められていることからすれば（Ｑ２参照）、校長が教員の労働時間を的確に把握できる方法がないと決めつけることは妥当でありません。実際に、働き方改革を進め、業務量を適切に管理し、労働時間を客観的に計測する学校も存在しています[5]。

　一方、裁判所は校長の職務命令に基づく業務を行った時間（自主的な業務の体裁を取りながら、校長の職務命令と同視できるほど教員の自由意思を強く拘束するような形態は、実質的に職務命令に基づくものと評価）が日常的に長時間にわたり、時間外勤務をしなければ事務処理ができない状況が常態化している等、給特法の趣旨を没却するような事情が認められる場合は、校長には業務量の調整や割り振り、勤務時間等の調整等の措置を執るべき義務（以下「調整義務」）があるとし、その義務を怠って教員に法定労働時間を超えて労働させ続けた場合は国家賠償法上違法になると判断しています。

3　どのような業務が教員の「労働時間」に該当するのか

　埼玉教員残業代訴訟第一審は、どのような業務が教員にとって労働時間、すなわち使用者の指揮命令下に置かれている時間と言えるか、詳細な事実認定を行っています。

　裁判所は在校時間全てが労働時間になるわけではないとし、在校時間の中から校長の指揮命令に基づいて従事した部分を労働時間として特定しています。また、教員の業務が日々異なり、状況に応じて変化するので、日ごとの業務を指揮命令に基づく部分とそうでない部分を的確に区別することは困難であることから、月ごとに校長の指揮命令に基づいて勤務時間外に従事した業務に要したおおよその時間を時間外労働時間として概算し、これと所定労働時間を合計した値を月ごとの労働時間として認定しています。

　第一審による労働時間の認定作業はこれまで教員の残業代が争われた裁判よりも詳細であり、朝自習の準備、業者テストの採点業務、通知表の作成、校外学習の準備等が労働時間に該当すると認定しています。しかし、授業準備については授業に必要不可欠な準備行為なので労働時間であるものの、実際にどの程度の授業準備を行うかについては各教員の自主的な判断に委ねられているとして、最低限必要な限度の1コマにつき5分間しか労働時間と認定しなかったことや、教材研究、提出物確認、保護者対応等は各教員の自主的な判断で行われるものであり、校長の指揮命令に基づく業務の従事とは言えないとして労働時間と認定しなかったことは、教員の業務の実態とはかけ離れた判断であり、厳しく批判されています[6]。

4　教員残業代訴訟で議論しなければならないこと

　以上のように、教員残業代訴訟はその社会的意義を裁判所も認めているものの、従来の裁判所の給特法の解釈論を変えるものではなく、結論として原告の請求も棄却されたことや、ネット上でも裁判所の判断への期待が大きかったことから、教育関係者からの失望や批判は決して小さくはあり

ませんでした。しかし、私見では裁判所に対する批判もまた社会科学の視点に立脚するものではなく、議論すべきことを冷静に注視できていないように思われます。

　第一に、裁判所が示した教員の勤務実態の特殊性は決して間違ってはいないという点です。教員の業務が自主的な判断に基づく部分と校長の指揮命令に基づく部分を区別することが困難であることや、控訴審が示したように、教員の勤務時間は授業時間とそれ以外の時間で労働密度が異なることは、教員の勤務実態を社会科学的に観察すればおそらくそのとおりの結果になるでしょう。そうであるからこそ、公立学校だけでなく、国私立学校も含めて教員という仕事にふさわしいワークルールを議論しなければなりません。実際に、裁判所がほとんど労働時間と認めなかった授業準備等は、教員のやり方次第では無限定になってしまう可能性は否定できず、かといって校長が厳格に管理したり、過度に成果を要求したりすると教員の専門性を奪いかねず、単純に「労働時間か否か」という二項対立的な法律論で議論することは妥当ではありません。

　第二に、裁判所は教員の働き方改革を考える上で重要なヒントを二つ示唆している点です。一つは、教員の業務には繁忙期とそうでない時期があることです。実際に、裁判所は訴訟で対象となった原告の勤務期間のうち、過半数の月は法定労働時間内にとどまっており、法定労働時間を超過した月はいずれも学年末・学年はじめ・学期末等の繁忙期に当たると認定しています。これは教員には変形労働時間制を適用する余地があることを示しています。もちろん、使用者からの一方的な変形労働時間制の導入はすべきではないですが、少なくとも 1 か月単位の変形労働時間制の導入は議論する余地があるでしょう。もう一つは、裁判所は学校設置者や校長に調整義務を課していることです。「教員が多忙である」と言っても全ての教員が多忙なわけではありません。実際に、定時に退勤する教員や、負担の少ない校務や部活動等を決まって担当する教員は存在しています。調整義務と言っても、全ての教員が時間外労働を余儀なくされている学校と、一

部の教員に時間外労働が偏っている学校では、業務の内容も程度も異なります。また、調整義務を検討するのであれば、前提として校種・学校規模・教科・役職・校務・経歴・経験年数等によって多様な労働実態が存在する教員の業務量を適切に把握しなければなりません。つまり、現状の教員の労働問題の議論のように、自己申告による労働時間のデータに基づいて議論したり、校種・教科等の違いをほとんど考慮せずに議論する状況では、調整義務を社会科学の視点から考察することができず、訴訟上の争点としても立証活動がやりづらいのです。

　第一審裁判所が「わが国の将来を担う児童生徒の教育を今一層充実したものとするためにも」現場の教員の意見に真摯に耳を傾けるべきであると付言していることから、決して一部の教員の意見だけではなく、多様な教員の意見を考慮した議論が必要だと考えています。

1　大阪地判令和 4 年 6 月28日裁判所ウェブサイト。なお、本件は被告大阪府が控訴しなかったため、原告である府立高校教員に対する過重労働に基づく安全配慮義務違反による損害賠償請求が確定している。

2　さいたま地判令和 3 年10月 1 日労判1255号 5 頁。

3　東京高判令和 4 年 8 月25日裁判所ウェブサイト。なお、本件は原告が上告中である。

4　一方で、原告側も公立学校教員と国私立学校教員の職務が本質的に異ならないことを社会科学の手法を用いて積極的に立証していない点は疑問が残る。「教員の自主的で自律的な判断に基づく業務と校長の指揮命令に基づく業務とが日常的に渾然一体となって行われているため、これを正確に峻別することは困難」であるという点が国私立学校においても同様であると立証できれば、給特法の立法事実は成立しないはずである。

5　既に多くの学校でタイムカードや職員証等による打刻やパソコンのログ履歴による労働時間の計測を導入されており、新型コロナ対応中の在宅勤務時はメール等で始業・終業を連絡していた学校もある。

6　特に保護者対応は本来管理職との情報共有を前提に、管理職の指示により行われるものである。管理職が保護者対応の実施時間を具体的に指定しなかったからと言って、教員が自主的に判断し、指揮命令に基づいて従事した業務ではないとする裁判所の判断には疑問が残る。

⑫ 労働時間と在校時間

Q. どのような時間が教員にとって労働時間となるのでしょうか。在校している時間は全て労働時間になるのでしょうか。

A. 教員が校長などの指揮命令下に置かれていると客観的に評価される時間は労働時間であり、個別具体的に判断されます。一般的に、在校している時間は労働時間と評価される可能性がありますが、公立学校教員には「在校等時間」という概念があり、労働時間ではありませんが、労働安全衛生法や公務災害認定の際に考慮される時間となります。

❶ 労働時間の定義

　厚生労働省のガイドラインによれば、労働基準法上の労働時間とは「使用者の指揮命令下に置かれている時間」であり、「使用者の明示又は黙示の指示により労働者が業務に従事する時間」は労働時間であるとされています。

　労働時間に該当するか否かは、「労働契約、就業規則、労働協約等の定めのいかんによらず、労働者の行為が使用者の指揮命令下に置かれたものと評価することができるか否かにより客観的に定まる」ものであり、客観的に見て使用者の指揮命令下に置かれていると評価されるかどうかは、「労働者の行為が使用者から義務づけられ、又はこれを余儀なくされていた等の状況の有無等から、個別具体的に判断される」とされています（なお、最高裁判所の考え方も同旨）[1]。また、当該ガイドラインによれば、「使用者の指示により、就業を命じられた業務に必要な準備行為」、「使用者の指示があった場合には即時に業務に従事することを求められており、労働から離れることが保障されていな

い状態で待機等している時間（いわゆる「手待時間」）、「参加すること
が業務上義務づけられている研修・教育訓練の受講や、使用者の指示
により業務に必要な学習等を行っていた時間」などが、労働時間に該
当する例とされています。

　労働基準法の労働時間の定義は、国公私立にかかわらず、全ての教
員に適用されます。そのため、教員が何らかの業務に従事していた時
間が校長及び管理職教員の指揮命令下に置かれていると客観的に評価
できる場合は、労働時間に該当します。

❷　労働時間の判断

　前述のように、労働時間に該当するか否かは個別具体的に判断され
ますが、実際の労働行政実務では、タイムカード・パソコンのログ履
歴・携帯電話のGPS・防犯カメラなどにより在校していたことが客観
的に記録されていた時間は、労働時間と推定するようです。これに対
して、校長などから具体的な業務の指示がなかったことを証明するの
は、容易ではありません。

　このため、教員が退勤時間後や休日に在校している時間についても、
タイムカードなどで客観的に在校していたことが記録されていたなら、
実際には校長らから具体的な業務の指示を受けていなかったとしても
指揮監督下に置かれていたと客観的に評価され、時間外労働・休日労
働と認定される可能性が高いです。

　もっとも、教員の業務は裁量が多く、部活動顧問が練習時間を自ら
設定することや、授業準備を自らのペースで行うことも可能なため、
意図的に部活動の練習時間を増やしたり、授業準備を漫然と非効率に
行ったりすることで在校時間を増やした場合でも、結果的には多額の
割増賃金をもらえることになってしまいます。そのため、残業許可制
などを導入して、管理職が教員の在校時間を管理することが重要です。

❸　公立学校教員の「在校等時間」

　一方、給特法7条に基づく指針によれば、給特法が適用される公立学校教員については、労働基準法の労働時間とは別に、「在校等時間」という概念が設定されています[2]。

　公立学校教員は校務であったとしても、使用者からの指示に基づかず、所定の勤務時間外に「超勤4項目」（Q1参照）に該当するもの以外の業務を教師の自発的な判断により行った時間は、労働基準法上の「労働時間」には含まれません。しかし、ガイドラインでは「超勤4項目」に該当するものとして超過勤務を命じられた業務以外も含めて、教師が校内に在校している時間及び校外での勤務の時間を外形的に把握した上で合算し、そこから休憩時間及び業務外の時間を除いたものを「在校等時間」と定義し、原則として1か月で45時間、1年で360時間を超えないように上限の目安を設定しています（この時間は、労働基準法36条3項・4項で規定されている時間外労働に関する限度基準と同じ）。

　在校等時間に該当するものとしては、校内において上司からの指示や児童生徒・保護者等からの直接的な要請等による業務、職務命令により参加する研修、職務として行う児童生徒等の引率などが挙げられ、例えば、校外学習や修学旅行の引率業務、勤務時間内の部活動の競技大会・コンクール等への引率業務、勤務時間外の部活動の練習試合等への引率業務なども含まれます。一方、「所定の勤務時間外に校内において自らの判断に基づいて自らの力量を高めるために行う自己研鑽の時間」は自己申告により「在校等時間」から除かれます。例えば、教師が幅広くその専門性や教養を高めるために学術書や専門書を読んだり、教科に関する論文を執筆したり、教科指導や生徒指導に係る自主的な研究会に参加したり、自らの資質を高めるために資格試験のための勉強を行ったりする時間などがこれに該当します。また、自宅等

に持ち帰って業務を行った「持ち帰り」の時間は在校等時間に含まれません（各地方公共団体が定める方法によるテレワークの時間は含まれます。）。

　在校等時間は労働時間ではありませんが、ガイドラインでは「教師等の健康及び福祉を確保するため、在校等時間が一定時間を超えた教師等への医師による面接指導や健康診断を実施すること、退庁から登庁までに一定時間を確保すること、年次有給休暇等の休日についてまとまった日数連続して取得することを含めてその取得を促進すること、心身の健康問題についての相談窓口を設置すること、必要に応じ産業医等による助言・指導を受け、また教師等に産業医等による保健指導を受けさせること等に留意しなければならないこと。」として、在校等時間を踏まえて面接指導の実施又は面接指導に準ずる措置を講じるよう努めることを教育委員会に要求しています[3]。さらに、裁判例の傾向によれば、公務災害の認定に関しては、在校等時間を含めて公務起因性を判断するものと考えられます[4]。

　在校等時間は、労働時間でも休憩時間でもない、極めて異質な概念です。また、給特法を前提とした概念なので、国私立学校教員に在校等時間はありませんが、教員の仕事の共通性に鑑みると公立学校教員の労働にのみ存在する概念というのも実態に合致しない面があり、今後もその正当性が議論されるべき概念といえるでしょう。

1　厚生労働省「労働時間の適正な把握のために使用者が講ずべき措置に関するガイドライン」（平成29年1月20日策定）より。なお、同旨の最高裁判所の考え方としては、例えば、最判平成12年3月9日民集54巻3号801頁（三菱重工業事件）などがある。
2　文部科学省「公立学校の教師の勤務時間の上限に関するガイドライン」2頁より。
3　文部科学省・前掲注2）4頁より。なお、文部科学省「公立学校の教師の勤務時間の上限に関するガイドラインの運用に係るQ＆A」では、こうした留意事項が労働安全衛生法66条の8で健康への配慮が必要な者に対して面接指導の実施又はそれに準ずる措置を取るよう努めることとされていることを踏まえた規定であることが示されている（3頁）。
4　例えば、福井地判令和元年7月10日判時2433号98頁を参照。

⓪③ 労働時間の管理

Q. 教員の労働時間を管理するためには、タイムカードを導入しなければならないでしょうか。

A. 働き方改革推進法の施行後は、公立・国私立問わず、全ての学校において、原則として、タイムカード等によって、労働時間の状況を把握しなければならなくなりました。また、管理監督者や裁量労働制が適用される者を含め、原則として全教員の労働時間を把握する必要があります。

❶ 労働時間を把握する方法

　働き方改革推進法による労働安全衛生法の改正により、労働時間の状況の把握が義務付けられました（同法66条の8の3）。この義務は、国立・公立・私立、小学校・中学校・高等学校・大学等、全ての学校の教員が対象となります[1]（いわゆる高度プロフェッショナル制度が適用される者は対象外ですが、学校の教員で同制度が適用されている者はいないと思われます。）。

　労働時間を把握する方法は、次の三つのいずれかとされています。ただし、③の教員の自己申告による方法は、やむを得ず他の方法により難い場合に、限定的に認められるにすぎません[2]。

①　**タイムカード、ＩＣカード、パソコンの使用時間等による機械的な方法**

②　**管理職が現認する方法**

③　**教員の自己申告による方法**

　従前、①の機械的な方法で労働時間を記録する学校は、ほとんどありませんでした。働き方改革推進法の施行後は、特に私立学校におい

て、タイムカード等の導入が急速に進んでおり、今後もこの傾向が続くものと思われます。

②の管理職が現認する方法も、客観的な記録方法として認められています。しかし、民間企業の事務職等とは異なり、教員は学校の内外を動き回っています。出勤時に教室や体育館、運動場などに直行することもありますし、退勤時も職員室に立ち寄るとは限りません。校長・副校長・教頭等の管理職も、常に職員室にいるわけではなく、全教員の出退勤を現認することは、容易ではありません。出退勤時には必ず管理職に声をかけるよう徹底する、労務管理を担当する管理職を増員するなど、一定の工夫が必要でしょう。

③の教員の自己申告による方法は、申告された労働時間と実際の労働時間にズレを生じやすいため、①及び②の方法によることができない場合に限り、例外的に認められるに過ぎません。また、次の措置を全てとることが必要とされています。

- 　自己申告制を適用する教員に対して、労働時間を正しく記録し、適正に申告するよう十分な説明をすること。
- 　労働時間の状況を管理する者に対して、自己申告制の適正な運用等について十分な説明をすること。
- 　自己申告された労働時間と実際の労働時間が合致しているか、必要に応じて実態調査を実施し、ズレがあれば補正すること。
- 　自己申告した労働時間を超えて学校内にいた時間や、労務を提供できる状態であった時間について、その理由を教員に報告させる場合には、報告が適正に行われているか確認し、学校の指揮命令下に置かれていた時間は労働時間として扱うこと。
- 　自己申告できる労働時間に上限を設け、上限を超える申告を認めないなど、適正な申告を阻害する措置を講じないこと。

- ・ 時間外労働削減のための措置や定額残業代等の措置が、労働時間の適正な申告を阻害する要因になっていないか確認し、阻害している場合には改善すること。
- ・ いわゆる三六協定により延長することができる労働時間を遵守すること。延長することができる労働時間を超えているにもかかわらず、記録上これを守っているようにするような慣習がないか確認すること。

　教員の自己申告制によるためには、これだけの制約を全て守らなければなりません。自己申告制を適切に運用できる学校は、ほとんどないと思われます。

　結局のところ、教員の労働時間の状況を確実に把握するためには、タイムカード等の機械的な方法によることが最適と考えられます。

❷ 働き方改革推進法と労働時間の把握

　なお、働き方改革推進法による法改正前は、厚生労働省の通達やガイドラインで、管理監督者や裁量労働制の適用者等を除き、労働時間の適正な把握が求められていました[3]。ところが、ガイドラインには法的強制力がなく、適切に労働時間を把握しない事業者が少なくなかったため、働き方改革推進法によって、労働時間の状況の把握が法的に義務付けられることとなりました。

　従前のガイドラインでは、管理監督者やみなし労働時間制の適用対象者は、労働時間把握の対象外でした。これに対し、働き方改革推進法の施行後は、管理監督者等の労働時間の状況も把握しなければなりません。改正法は、長時間勤務による疲労の蓄積を防ぎ、心身の健康を損なわないようにすることが目的であるためです。

　現在でも、教員の出勤確認を出勤簿への押印だけで済ませ、出退勤

時刻を記録しない学校がありますが、このような労務管理が不適切であることは、言うまでもありません。

1　地方公務員法58条は、労働安全衛生法66条の 8 の 3 を適用除外としていない。

2　労働安全衛生規則52条の 7 の 3 第 1 項、平成30年12月28日付基発1228第16号第 2 問 11。

3　平成13年 4 月 6 日付基発第339号、厚生労働省「労働時間の適正な把握のために使用者が講ずべき措置に関するガイドライン」（平成29年 1 月20日策定）。

⓪4 給食（昼食）指導

Q. 教員にとって給食（昼食）指導の時間は労働時間でしょうか。

A. 給食（昼食）指導の時間は勤務に該当し、労働時間です。そのため、労働基準法の休憩時間を別の時間帯に設定する必要があります。

1 給食と給食指導の法的位置づけ

　学校給食は、学校給食法に基づき実施され、平成20年6月の改正において「学校における食育の推進を図ること」が目的の中に加えられました。学習指導要領においては、「特別活動」の「学級活動」に「食育の観点を踏まえた学校給食と望ましい食習慣の形成」について触れられています[1]。また、給食の時間に行われる食に関する指導は、「給食指導」と「食に関する指導」に分けられ、「給食指導とは、給食の準備、会食、片付けなどの一連の指導を、実際の活動を通して、毎日繰り返し行う教育活動」とされています[2]。

　したがって、給食（昼食）指導の時間は、正に教育活動の一環であり、学級担任としては、望ましい食習慣の形成等、食に関する資質や能力を児童生徒が身に付けることができるように指導していくことが求められます。当然のことながら、給食指導は、事故防止の観点から、食中毒、誤嚥、食物アレルギー等についても十分留意の上なされるべきであり、裁判例も「学校給食は、当該学校に在学する全ての児童又は生徒に対し実施されるものであり、学校給食の安全性につき、安全配慮義務を学校に課すものであるといえる。」としています[3]。

❷　給食指導と休憩時間

　公立学校教員の場合、労働基準法の範囲内で地方公共団体の条例で勤務条件が定められ（地方公務員法24条5項）、多くの場合、その勤務時間は、休憩時間を除き、1週間（日曜日から土曜日までの7日間）につき38時間45分、1日当たりの勤務時間は7時間45分となっています[4]。そして、勤務時間が6時間を超える場合は少なくとも45分の休憩時間を勤務時間の途中に置くこととされています[5]。しかしながら、教員の場合、地方公務員とはいえ、官庁執務型の職員とは異なり、給食時間は前記のとおり給食指導の時間として勤務に該当し、いわゆる「昼休み」としての休憩時間を取得することはできません。このため、多くの場合、学習指導等教育課程内の教育活動を終えた後の時間に休憩時間を置くなどしているのが現状です。

　具体的には、例えば東京都の場合、「休憩時間は、児童生徒の昼休み時間に一斉に与え、若しくは個人ごとに割り振り又は勤務時間の終わりの方に置くことができる」[6]とされており、教員の場合は、15時45分から16時30分を休憩時間として運用する例が多いようです。もっとも、授業後は、中学校・高等学校であれば部活動指導に取り組んでいたり、小学校であれば翌日の授業準備や採点等、児童の下校後に取り組める業務に従事していたりするなど、毎日確実に休憩時間を取得することは難しい状況にあります。

❸　今後の課題

　「子どもたちが豊かな人間性をはぐくみ、生きる力を身に付けていくためには、何よりも『食』が重要である」との理念から、平成17年6月17日食育基本法が成立しました。食は生きるための基本であり、学級担任をしていると、給食の時間を楽しみに思っている子どもたちも少なくないと感じます。学年をまたいだ交流給食や縦割班給食など、

各校での取組も工夫されています。しかし、教員の労働という観点からみると、労働基準法上、休憩時間は、①労働時間の途中に与えなければならず、②原則として一斉に与えなければならず、③自由に利用させなければならない（同法34条）とされているにもかかわらず、恒常的に「昼休み」をとることもできず、その代替となるべき休憩時間も容易に確保できないまま、なし崩し的に勤務時間が6時間を超過してしまいかねない現状には問題があると言わざるを得ません。

　このような現状を踏まえ、文部科学省は、学級担任による給食指導を原則としつつも、ランチルームでの複数学年の一斉給食や地域ボランティア等の協力を得ることで、教員の負担軽減を工夫していくことを示唆しています[7]。もっとも、給食時間における事故は重篤な事態を招くこともあり[8]、そのような場合には自治体や教員の安全配慮義務違反が問われかねませんし、心情的にも学級担任としては給食時間にクラスを離れることは躊躇われるでしょう。給食指導の時間に休憩時間を取得することは困難であることはやむなしとしても、割り振られた休憩時間は確実に休憩できる体制の工夫が必要ではないでしょうか。

1　文部科学省「食に関する指導の手引－第二次改訂版－（平成31年3月）」220頁では、「給食の時間における指導は標準授業時数に含まれないものの、教育課程上の学級活動と関連付けて行うことのできる重要な学校教育活動」と示されている。

2　文部科学省・前掲注1）223頁。

3　宇都宮地判平成29年2月2日判時2337号69頁。

4　橋本勇『新版　逐条地方公務員法』（学陽書房、第5次改訂版、2020）415頁参照。

5　例えば、東京都における「学校職員の勤務時間、休日、休暇等に関する条例」7条1項。

6　東京都教育委員会「学校職員の勤務時間、休日、休暇等に関する条例及び同条例施行規則の解釈及び運用について」（平成14年3月29日　13教人勤第216号）第5－2。

7　文部科学省「学校における働き方改革に関する取組の徹底について（通知）」（平成31年3月18日）。

8　札幌地判平成4年3月30日判時1433号124頁参照。

⑤ いじめ対応と時間外労働

Q. 勤務時間外に、生徒からいじめがあったと申告がありました。勤務時間外に教員に対していじめ対応を強制的に命じることはできるでしょうか。

A. 公立学校においては、緊急対応の必要性が高い対応については、勤務時間外であっても強制的に命じることができます。もっとも、既に在校等時間が長時間に及んでいる教員であれば、ガイドラインに抵触する可能性もあることから、在校等時間を勘案していじめ対応を命じる必要があります。一方、国私立学校では三六協定を締結しなければ、勤務時間外にいじめ対応を命じることはできません。

❶ 勤務時間外における生徒からのいじめ申告

生徒からの申告であれ、保護者からの申告であれ、いじめがあったとの申告があった場合は、「速やかに」いじめの日時、被害生徒の名前、加害生徒の名前、場所、態様など、いじめの事実の有無を確認するための聞き取りをする必要があります（いじめ防止対策推進法23条2項）。

公立学校なら「非常災害の場合、児童又は生徒の指導に関し緊急の措置を必要とする場合その他やむを得ない場合に必要な業務」（給特法6条1項、公立の義務教育諸学校等の教育職員を正規の勤務時間を超えて勤務させる場合等の基準を定める政令2号ニ）に該当すると考えられ、教員に対し、これらの聞き取り行為をするよう強制的に時間外勤務を命じることができます[1]。また、申告されたいじめの内容自体は過去のものであっても、いじめが収まったとは認められず、申告時点で被害生徒の生命・身体に対する侵害行為が差し迫っている蓋然性が高い場合には、

被害・加害生徒の保護者や警察に対して連絡し連携するなど、差し迫った侵害に対応する必要があり（いじめ防止対策推進法23条3項・6項）、教員に対し、強制的に時間外勤務を命じることができるでしょう。

　もっとも、教員が生徒から聞き取りを行った結果、その時点では（一旦であれ）被害が止んでいることが明らかになった場合には、勤務時間外にそれ以上の対応をすべき緊急性が低いといえ、強制的に時間外勤務を命じることはできないでしょう。ただ、いじめに早期に対応することは事態の複雑化や後で学校が対応の遅れを指摘されて責任を追及されることを予防できる可能性もあり、悩ましい問題です。

　一方、国私立学校であれば、三六協定がなければ勤務時間外にいじめ対応を命じることができません。そのため、三六協定を締結し、かつ協定で時間外労働を命じることができる項目としていじめ対応を想定した記載を設ける必要があります。仮に、三六協定が締結されていなかったために、時間外にいじめ対応を直ちにできなかった場合は、安全配慮義務違反に問われる可能性もあるでしょう。

❷ いじめ対応と公立学校の教師の勤務時間の上限に関するガイドラインの関係

　勤務時間外のいじめ対応に関しては、平成31年にガイドラインとして策定され、令和2年施行の給特法の改正によって法的根拠を有する指針になった「公立学校の教育職員の業務量の適切な管理その他教育職員の服務を監督する教育委員会が教育職員の健康及び福祉の確保を図るために講ずべき措置に関する指針」（以下「指針」）との関係が問題になります。この指針では、時間外在校等時間が1か月45時間、1年間360時間を超えないようにすることが定められています。勤務時間外のいじめ対応を命じられるとしても、当該教員の時間外在校等時間が指針の上限を超えることはできません。

　もっとも、指針では特例的な扱いとして、「児童生徒等に係る臨時的な特別の事情により業務を行わざるを得ない場合」は、①１年間の在校等時間の総時間から条例等で定められた勤務時間の総時間を減じた時間が、720時間を超えないようにするとともに、１か月の在校等時間の総時間から条例等で定められた勤務時間の総時間を減じた時間が45時間を超える月は、１年間に６か月までとすること、②１か月の在校等時間の総時間から条例等で定められた勤務時間の総時間を減じた時間が100時間未満であるとともに、連続する複数月（２か月、３か月、４か月、５か月、６か月）のそれぞれの期間について、各月の在校等時間の総時間から条例等で定められた各月の勤務時間の総時間を減じた時間の１か月当たりの平均が、80時間を超えないようにすること、という条件の下で、時間外在校等時間の上限の緩和が認められています。

　緊急性の高いいじめ対応は特例的な扱いに該当する場合だと考えられますので、勤務時間外のいじめ対応を命じやすいといえますが、いずれにしても、勤務時間外のいじめ対応は指針で定める在校等時間の上限を勘案して命じることが大切です。

　なお、最近、教員の自律的な判断による自主的、自発的な業務は、上司の指揮命令に基づいて行われる業務とは性質を異にするものであるとした上で、自主的な業務の体裁を取りながら、校長の職務命令と同視できるほど当該職員の自由意思を強く拘束するような形態での時間外勤務等がなされた場合には、実質的に職務命令に基づくものと評価すべきであるとした裁判例[2]もあり、学校現場における時間外労働の考え方が議論されています。

1　公立学校の教員の時間外労働に関する詳細はQ１を参照のこと。

2　さいたま地判令和３年10月１日労判1255号５頁。

⑥ 保護者対応と時間外労働

Q. 勤務時間外に保護者から「担任の先生からすぐに連絡がほしい」と連絡がありました。勤務時間外に保護者対応を強制的に命じることはできるでしょうか。

A. 災害時等の緊急事態の例外を除き、原則として勤務時間外に保護者対応を強制的に命じることはできません。

❶ 教員の勤務時間

　労働基準法上の法定労働時間は、休憩時間を除き、1週間につき40時間、1日につき8時間が上限とされています（労働基準法32条）。私立学校の教員の場合、学校法人ごとに規定された就業規則に記載された始業及び終業時刻、休憩時間等の定めに則り（労働基準法89条）勤務することになりますが、就業規則は法令又は労働協約に反して定めることはできません（労働基準法92条1項）。

　一方、公立学校の教員の場合は、労働基準法の範囲内で地方公共団体の条例で勤務条件が定められており（地方公務員法24条5項）、多くの場合、休憩時間を除き、1週間（日曜日から土曜日までの7日間）につき38時間45分、1日当たりの勤務時間は7時間45分が正規の勤務時間となっています[1][2]。

❷ 時間外労働

　法定労働時間を超えた時間外労働については、使用者は、時間外手当（通常の賃金の1.25倍の割増賃金）を支払わなければなりません（労働基準法37条1項）[3]。そして、このような時間外労働を使用者が命じるには、その前提として、使用者と労働者との間でいわゆる「三六協定[4]」

を結び、これを労働基準監督署に届け出ていることが必要です（労働基準法36条）。もっとも、災害その他避けることができない事由によって臨時の必要がある場合には、例外的に時間外であっても労働させることができ（労働基準法33条1項）、公務のために臨時の必要がある場合も官公署の事業に従事する国家公務員及び地方公務員については正規の勤務時間を超えて勤務を命じることができます（労働基準法33条3項）。

　公立学校の教員の場合は、この規定の読み替え[5]により、公務上臨時の必要があるときに時間外勤務を命じることができるとされ、この場合には、職員の健康及び福祉を害しないように考慮しなければならないとされています[6]。また、管理職以外の教育職員については、①校外学習その他生徒の実習に関する業務、②修学旅行その他学校の行事に関する業務、③職員会議に関する業務、④非常災害の場合、児童又は生徒の指導に関し緊急の措置を必要とする場合その他やむを得ない場合に必要な業務等、政令に定める基準に則り条例で定める場合に限って、時間外勤務を命じることができます[7]。

❸　保護者からの「担任の先生からすぐに連絡がほしい」という連絡

　以上を踏まえて、設問を検討してみますと、保護者からの「担任の先生からすぐに連絡がほしい」という連絡が、いかなる理由によるものかによってその対応は異なると考えられます。例えば、公立学校の場合、災害に匹敵するような緊急事態であれば、時間外労働を命じることができる類型に該当すると言えるでしょう。もっとも、そのような事態はごく例外的であり、単に、「担任の先生とすぐに話がしたい」「今すぐ連絡をとりたい」、というだけでは、時間外労働を命じる根拠として不十分です。したがって、保護者から「担任の先生からすぐに連絡がほしい」という連絡があった場合は、災害時等の緊急事態等の例外を除き、原則として勤務時間外に保護者対応を強制的に命じるこ

とはできないと考えます。他方、私立学校の場合、三六協定の中に保護者からの連絡に対する対応を組み入れて、時間外手当を支払うようにすることも一案でしょう。

　もっとも、公立・私立を問わず、学校現場では、トラブルの未然防止の観点から、保護者から連絡を受けた場合にはその旨をひとまず担任に伝え、担任が自主的に保護者への連絡をとる等、何らかの対応をとる例が多いと思われます。特に、「いじめ」「虐待」「事故」のような場合には、生命身体に危険が及ぶ事態とも考えられ、緊急事態に準じて対応すべき場合もあり得ます。労働という観点からは、労働者の自発的な行為に拠ることには問題があると考えますが、教育的な側面からは、多くの教員が初動を重視し、時間外であっても現場に駆け付けたり、関係各所への連絡を試みたりするなどの対応を選択するのではないでしょうか。現下においては、例外的な対応が恒常化することのないように留意すべきであり、今後は、学校現場の実態に即した法整備が望まれると考えます[8]。

　なお、管理職（管理監督者）の場合、労働基準法の労働時間や休日に関する規定の適用は除外（労働基準法41条2号）されますので、時間外労働や休日出勤の場合でも時間外手当（割増賃金）を支払う必要はないことになります。ただし、労働基準法の適用除外とされるのは、労務管理について経営者と一体的な立場にある者であり、役職のある者が全て管理監督者に該当するわけではなく、管理監督者に該当するかどうかは各校の実態に照らして考えることになります[9]。

1　橋本勇『新版　逐条地方公務員法』（学陽書房、第5次改訂版、2020）415頁参照。

2　例として、東京都の場合、「学校職員の勤務時間、休日、休暇等に関する条例及び同条例施行規則の解釈及び運用について」（平成14年3月29日　13教人勤第216号）第1-1、第2-2など。

3　なお、月60時間超の場合は1.5倍の割増賃金となる。

4　労働者の過半数で組織する労働組合がある場合にはその労働組合と、そのような労働組合がない場合は、労働者の過半数を代表する者との書面による協定をいう。

5　公立の義務教育諸学校等の教育職員の給与等に関する特別措置法5条により読み替えらえた地方公務員法58条3項による読み替え。

6　橋本・前掲注1）403頁参照。

7　公立の義務教育諸学校等の教育職員の給与等に関する特別措置法6条、公立の義務教育諸学校等の教育職員を正規の勤務時間を超えて勤務させる場合等の基準を定める政令。

8　この点については、学校を法律に合わせるべきなのか、法律を学校の実態に合わせるべきなのかは、悩ましいところである。例えば、三六協定に保護者対応を入れることについては、時間外労働の「具体的事由」と本当に言えるのか疑問もあり、本当にそれでよいのかという疑問があるが、少なくとも時間外手当で補填される点ではまだ首肯できる。しかし、公立学校のように、どうしても読み込めない給特法で対応しようとするのは不合理だと思われるので、時間外手当をきちんとつけるか、振替調整ができるようにするかなどの対応が必要だと思われる。

9　いわゆる「名ばかり管理職」と認められた事案で、店長は管理監督者に当たらないとして、時間外労働や休日労働に対する割増賃金が支払われるべきであるとした事例（東京地判平成20年1月28日判時1998号149頁）のほか、主幹又は副主幹として管理職手当の支給を受けていた消防吏員らが、自治体に対し、給与条例に基づく時間外勤務手当等の支払を求めた事案で、給与条例における管理監督職員の意義は労働基準法上の管理監督者と同義に解すべきであり、勤務態様や職務内容・職責の重さ等において本件の消防吏員らは管理監督者には該当しないとして時間外手当の支払いを認めた事例（名古屋高判平成21年11月11日労判1003号48頁）などがある。

07 宿泊行事中の労働時間

Q. 宿泊行事中の労働時間はどのように考えればよいでしょうか。また、残業代はどのように算定すればよいでしょうか。

A. 宿泊行事中も、学校の指揮命令下で業務に従事している時間が労働時間となります。バス・電車等での移動時間、食事時間、児童生徒の自由時間、消灯後の時間など、どのような状況であれば労働時間と評価できるかは、事例ごとにケースバイケースで判断されます。

❶ 宿泊行事中の労働時間の判断

　Q2で述べたとおり、労働時間とは、使用者の指揮命令下にある時間をいいます。学校の教職員であれば、校長等の指揮命令によって学校の業務に従事している時間が、労働時間に当たります。修学旅行等の宿泊行事の引率をしている場合も、労働時間か否かの判断基準は変わりません。つまり、労働密度にかかわらず、指揮命令下にある時間であると評価される場合は労働時間に該当します。また、校長自身が宿泊行事に同行していなくても、同行している管理職などからの職務命令を介して間接的に校長の指揮命令下であると評価される状況ならば、労働時間に該当します。

　以下、具体例を挙げて検討を試みます（なお、校長等の指揮命令下にあるか否かの判断は具体的な状況によって異なりますので、必ず本書と同じ結論になるわけではない点に注意してください。）。

① バスや電車での移動時間

　バスや電車での移動時間中は、教員にとって、児童生徒が危険な行為（例：駅のホームからの転落、窓から顔や手を出す等）や迷惑行為（例：通

路を広がって歩く、大声で騒ぐ等）などをしないように、また、児童生徒間のトラブルが発生しないように、安全に配慮して監視しなければならない時間です。したがって、労働時間に該当することが多いと考えられます。

　実際には、移動時間中の全てにおいて教員が児童生徒を監視しているわけではなく、実質的に休息している時間もあったり、中学生や高校生は能力的にも教員が監視する必要がない場合も多いことから、そのような実質を評価して合理的な労働時間を算出する考え方もあり得なくはないですが、前述のとおり、労働時間であるかどうかの判断においては労働密度は考慮されないため、原則として移動時間は労働時間に該当すると考えたほうがよいでしょう。

② 　食事の時間

　食事の時間については、教員が迷惑行為や児童生徒間のトラブルを防止するために監視する必要がある場合や、アレルギーを持つ児童生徒への対応が必要な場合は、労働時間に該当すると考えられます。

　一方、中学生や高校生程度であれば、教員が監視せずに児童生徒が自由に食事をすることも可能であることから、労働時間に該当しないと考えられる場合もあるでしょう。また、児童生徒の自由時間中に教員が別に食事をとるような場合は労働時間ではなく、休憩時間に該当します。

③ 　児童生徒の自由時間

　児童生徒の自由時間は、引率教員がどの程度自由になれるかどうかによって、労働時間の判断は異なります。

　児童生徒がグループ行動をしているが、グループごとに教員が同行して引率しなければならない場合などは、危険行為や迷惑行為、児童生徒間のトラブル等を防止するために監視する義務があるので、労働時間に該当すると考えられます。

これに対し、教員が児童生徒に同行せず、教員も自由行動であるならば、学校の業務から解放されていると考えられるので、労働時間に該当しません。

④　消灯後の時間

児童生徒の消灯後の時間は、原則として労働時間に該当しないと考えられます。

もっとも、実際には消灯後も児童生徒を監視する業務が行われる場合もあります。教員が見回りのシフトを決めて交代で監視する体制であれば、見回りの時間は労働時間に該当し、それ以外の時間は睡眠時間であって労働時間ではないと考えられますが、特に見回りのシフトなどを決めておらず、何かあった場合は教員がすぐに起きて対応するという、仮眠による監視体制だった場合はどうでしょうか。

判例※は実作業に従事していない仮眠時間（不活動仮眠時間）であっても、労働から離れることを保障されていない場合は労働時間に該当するとしており、例えば、仮眠室における待機と警報や電話等に対して直ちに相当の対応をすることを義務付けられている場合などは不活動仮眠時間であっても労働時間に該当すると判断しています。この判例の考え方に照らすと、教員が見回りのシフトを決めておらず、仮眠による監視体制だった場合は労働時間に該当するとも考えられます（もっとも、消灯後の時間は教育活動自体は行われていないことから、警備管理業務に関する前述の判例の考え方が、教員の消灯後の監視体制と同視できるかは議論の余地があるでしょう。）。

❷　宿泊行事中の時間外労働の残業代

公立学校では、いわゆる超勤4項目の一つとして「修学旅行その他学校の行事に関する業務」が挙げられているため、修学旅行等の宿泊行事で時間外労働が発生しても、時間外勤務手当及び休日勤務手当の

支払義務は生じません。しかし、後述のとおり、国私立学校の宿泊行事中の時間外労働には原則として割増賃金を支払う必要があることと比べて、不均衡であることは否定できません。

　国私立学校では、宿泊行事によって時間外労働が生じた場合には、労働基準法37条に従って割増賃金を支払う必要があります。また、三六協定に宿泊行事について時間外労働を認める旨を記載する必要もあります。学校によっては、変形労働時間制を採用して宿泊行事の日の所定労働時間を長く設定することで、長時間の時間外労働が生じないようにする例もあります（ただし、1年単位の変形労働時間制の場合は、1日の労働時間の上限が10時間なので、宿泊行事中の1日の労働時間の現実に合わない可能性もあります。）。また、時間代休制度を用いて、別の日の勤務時間の一部と宿泊行事中の時間外労働を差し引き計算し、宿泊行事中の時間外労働に対する賃金から別の日の勤務時間の賃金を控除した額の賃金を支払う例もあります。

※　最判平成14年2月28日民集56巻2号361頁（大星ビル管理事件）。

ⓧ8 残業許可制

Q. 教員から「残業して授業準備をしたい」と申請がありました。残業を許可したくない場合はどうすればよいでしょうか。

A. その教員が残業で処理しようとしている業務が、本当に今日中に処理しなければならない業務か確認し、明日以降に処理するよう命じることが考えられます。今日中に処理しなければならない業務であれば残業を許可せざるを得ませんが、今後の時間外労働を抑制するために、業務の配分の見直しや、残業が許可制であることの周知徹底をするべきでしょう。

❶　残業許可制の下での時間外労働

　教員の時間外労働を抑制するために、時間外労働（残業）を校長等の許可制にする学校があります。制度設計は様々ですが、「教員は、時間外勤務が必要となったときは、事前に所属長の許可を得なければならない。」「所属長の許可がない限り、教員の在校時間は勤務時間として取り扱わない。」という内容が多いようです。

　では、残業許可制を導入すれば、校長等の許可がない在校時間は、一切時間外労働にならないのでしょうか。

　まず、労働時間か否かの判断基準を確認しましょう。労働時間とは、「使用者の指揮命令下に置かれている時間」であり、学校で言い換えると、「学校側（校長等）の指示に従って、学校の業務に従事している時間」が労働時間です。始業時刻前でも、終業時刻後でも、あるいは休日であっても、この定義に当てはまる時間は、全て労働時間と判断されます。

　この「学校側の指示」とは、明示的な業務命令だけでなく、黙示的

な指示も含むと考えられています。例えば、次のような事例では、時間外労働と判断される可能性が高いでしょう。

① 校長等が教員に対し、時間外に業務を行うようには命じていないが、所定労働時間内に終わらない量の作業を配分した場合
② 具体的な業務はないが、保護者からの連絡等にすぐ対応できるよう、学校内で待機するよう指示した場合
③ 教員が、終業時刻後など所定労働時間外に学校内で業務を処理しているのを、校長等が黙認していた場合

　①のような事例で残業を許可しないことは、校長等の指示自体が矛盾しています。実質的には時間外労働を命じたものと解するほかないですから、残業許可制をとっていてもとっていなくても、時間外労働が発生します。また、②のような事例では、校長等から明示的な指示があったと解されます。電話番のような手待時間も、労働時間に当たるためです※。

　残業許可制を導入することで時間外労働を抑止できるのは、主に③の事例です。所定労働時間内に終えることができる量の業務しか命じていない状態で、かつ、残業を許可していないのであれば、学校側の指示で学校の業務に従事した時間ではないという説明が可能となるためです。

❷ 残業許可制の適切な運用

　以上の点から、残業許可制を適切に運用するためには、次の3点が重要です。

❶ 残業は許可制であること、特に、許可なく所定労働時間外に在校した時間は労働時間にならないことを、教員に周知すること
❷ 教員に業務を配分するときは、所定労働時間内に終わるよう、業務量を調整すること

❸　所定労働時間内に終わらない量の業務を配分せざるを得ないときは、必ず残業許可を出すこと

　このうち、❶の周知ができていないと、残業の許可を得ずに所定労働時間外に業務を行う教員が現れてしまい、教員の労働時間をコントロールできなくなります。就業規則などに残業許可制を規定し、周知しておくべきでしょう。また、❷の業務配分が適切に調整できていないと、頻繁に残業許可の申請が出てくることとなり、時間外労働を抑制することができません。❸は見落とされがちですが、時間外労働の実態と、残業許可という形式を完全に一致させることで、許可のない在校時間には労働をしていないはずだ、という説明に説得力を持たせることができます。

　なお、公務員については、労働基準法33条3項に基づいて残業を命じることとされています。管理職の判断で残業を命じる場合と、教員の申請を受けて残業を命じる場合がありますが、教員から申請があっても業務上の必要性がなければ残業命令を行わないとすることで、残業許可制として運用することができます。

※　昭和63年3月14日基発第150号。

⑩9 強制的な帰宅命令

Q. 家庭での不和のため、帰宅したくなくて在校して残業している教員がいます。強制的に帰宅を命令して抵抗されたらどうすればよいでしょうか。

A. まず、業務を命じられていないにもかかわらず在校している時間は労働時間でないことを明確にする必要があります。その上で、自己研鑽等のために学校の施設・設備の利用が認められるのか、業務がなければ速やかに帰宅しなければならないのか、学校のルールを明確にし、ルールに従うよう指導することが適切です。

❶ 終業時刻後の退勤管理の必要性

処理すべき業務がないにもかかわらず、終業時刻後も教員が学校内に滞留していると、時間外労働をさせているという疑義を招くだけでなく、施設・設備の管理の点でも問題を生じます。

労働時間とは、使用者の指揮命令下にある時間をいいます。校長等の指示で学校の業務に従事しているのでなければ、学校内にいるというだけでは、その時間は労働時間ではありません。

もっとも、タイムカード等で労働時間を把握している学校で、業務終了時ではなく退出時に打刻する運用をしていると、業務をせずに学校内に滞留していた時間が、全て労働時間として記録されてしまいます。また、タイムカード等の打刻後に学校内に滞留していると、業務以外の用事で在校しているのか、サービス残業をしているのか、わからなくなってしまいます。いずれにしても、処理すべき業務がないにもかかわらず帰宅しない教員がいると、タイムカード等で記録した時間と実際の労働時間が一致していないという疑義を招きます。

　さらに、終業時刻後に教員が学校に滞留すると、施設・設備の管理の点でも支障を生じます。教員が一人でも残っていれば、校舎を施錠することができず、光熱費もかかります。

　以上の点から、その日のうちに処理すべき業務が残っていなければ、終業時刻と同時にタイムカード等に打刻して帰宅することを徹底すべきでしょう。帰宅の指示にどうしても従わない教員に対しては、口頭又は文書での厳重注意を行い、それでも従わなければ、懲戒処分も選択肢となります。

❷　終業時刻後の業務以外での学校利用のルール

　もし、業務以外の目的で学校内に残って施設・設備の利用を認めるのであれば、どのような手続で認めるのか、ルールを明確にする必要があります。業務以外の用事の例として、教員同士の自主的な勉強会や、個人的な自己研鑽、サークル活動などを挙げることができます。

　このような施設・設備の利用を認める場合、どの施設を（職員室、会議室、図書館、体育館など）、どのような目的で（勉強会、自己研鑽、サークル活動など）、何時から何時まで利用するのか、書面やメールで事前に申請させ、校長等が承認する手続を設けることで、業務以外の目的で在校していることを明確にすることができます。「施設・設備利用願」などの書式を準備し、提出を義務付けるのもよいでしょう。光熱費等の負担は、実費を負担してもらってもよいですし、福利厚生の一環として学校負担としても構いません。

　業務以外の目的での施設・設備利用を認める際には、サービス残業の隠れ蓑にならないように注意しなければなりません。特定の教員から、自己研鑽などの抽象的な理由で施設・設備の利用申請が頻繁に出される場合などには、所定労働時間内に業務を終えることができず、隠れて残業をしていないか確認するべきでしょう。

⑩ 自主活動による部活動

Q.「自主活動でいいので朝練や休日練習などの部活動をやらせてほしい」と懇願する教員がいます。どのように対応すればよいでしょうか。また、自主活動による部活動で事故が起きた場合はどうなるでしょうか。

A. 部活動は学習指導要領上、学校教育の一環とされていますが、生徒の自主的・自発的な参加によるものとされています。そのため、「自主活動」については、顧問（教員）が部員生徒の意向とは別に自主的な勤務として申し出ているのか、部員生徒が希望して顧問が申し出ているのかによって対応は変わります。また、学校の授業日か、休業日かでも異なります。「自主活動」となった場合でも、学校への申し出があったのであれば、それは「学校の管理下」での部活動であって、事故が起こった場合に日本スポーツ振興センターの災害共済給付の対象となり得ます。

❶ 部活動の位置づけと「自主活動」を希望する主体

　部活動は、学習指導要領[1]において、「生徒の自主的、自発的な参加により行われる部活動」と記載され、根本的に生徒の自主・自発にかかるものとされます。また、部活動は教育課程外に位置づけられますが、「学校教育の一環として、教育課程との関連が図られるよう留意する」とされています。

　各学校において、部活動が実施される曜日・時間は、部活動それぞれの活動内容等を考慮した上で、本来の教育課程内にある授業等に差し障りがないように適宜設定されます。「自主活動」はこのようにして設定された曜日・授業時間外に部活動を行おうとするものです。

　「自主活動」については、顧問（教員）が部員生徒の意向とは別に自主的な勤務として申し出ているのか、部員生徒が希望したのでそれを受けて顧問が申し出ているのかにより、その対応は変わります。顧問が部員生徒の意向とは別に申し出ているのであれば、部活動が本来は生徒の自主的、自発的な参加によるものであることを勘案して、設定された曜日・時間を超えてまで部活動を行うことはないと回答することが適切です。

　一方、部員生徒が「自主活動」を希望しているのであれば、顧問を介してであれ、前述のように部活動が「生徒の自主的、自発的な参加により」行われていることから教育的配慮が必要であり、なぜ「自主活動」が必要であるかを確かめておく必要があります。「自主活動」の必要性に合理的な理由が見出せない場合に認めることは適切ではありません。合理的な理由としては、設定された部活動の曜日が祝日等と重なって活動時間が不足している、大会等が近づいてきたがそのための練習時間が不足している等が考えられます。

　さらに、合理的な理由があって「自主活動」が認められる場合でも、休日練習は避けるべきです。顧問を担当する教員にとっては休日出勤が問題になる上、学校施設の休日使用につき管理の問題が生じ得るからです。したがって、「自主活動」を行うのは授業日の勤務時間内の朝練、昼練、放課後練にとどめるべきでしょう。なお、活動時間については、スポーツ庁及び文化庁の各ガイドライン[2]の基準があり、それに則って策定される方針等に従うことになります。

　校長の判断により認められた「自主活動」については、職員室の共通黒板等に掲示して、他の教員においても把握できるようにするのがよいでしょう。「自主活動」に限らず、朝練等の影響で授業に遅れることがないよう生徒に注意喚起するのは全教員の仕事です。

❷ 「自主活動」中の部活動の法的位置づけ

　顧問から学校に申し出て認められた「自主活動」であっても「学校の管理下」での部活動ですから、事故が起こった場合に日本スポーツ振興センターの災害共済給付の対象となります。逆に、学校への申し出がなく、無断で行われる「自主活動」については「学校の管理下」に当たるかは問題です。申し出がなくても、その「自主活動」が授業日の活動でかつ学校施設内での活動であれば、「学校の管理下」と判断されると思われますが、休日でかつ学校外での活動となれば「学校の管理下」とは認められにくくなるでしょう。生徒が部活動に熱心なあまり、顧問に相談せず、無断で休日に学校外で自主活動・自主練習をすることがないように、顧問は普段から「自主活動」の希望は顧問に申し出るように告げておくことも必要でしょう。

1　中学校については文部科学省「中学校学習指導要領（平成29年告示）」27頁。高等学校については文部科学省「高等学校学習指導要領（平成30年告示）」32頁。

2　スポーツ庁「運動部活動の在り方に関する総合的なガイドライン」（平成30年 3 月）、文部科学省「文化部活動の在り方に関する総合的なガイドライン」（平成30年12月）。

11 学校の業務改善

Q. 不要な会議を減らすなど、業務量を減らしたり、効率化したりするためにはどのようなことをすればよいでしょうか。

A. 地域の実情によっても異なりますが、副校長の事務補佐（サポーター）や会計年度任用職員としての部活動支援員の採用を積極的に進めたり、教員にパソコンを貸与し、事務連絡はそのパソコンを活用するように工夫して、各会議を減らしたりするなどの取組が見られます。

❶ 学校における働き方改革

　文科省は、平成28年6月17日「学校現場における業務の適正化に向けて」という通知を発出しました[1]。その骨子は、教員の担うべき業務に専念できる環境を確保すること（従前の業務の見直し、学校徴収金会計業務からの解放、校務支援システムの整備）、教員の部活動における負担を大胆に軽減すること（休養日の明確な設定、部活動指導員の配置）、長時間労働という働き方を見直すこと（勤務時間管理の適正化）、国・教育委員会の支援体制を強化すること等となっています。

❷ 現場の取組

　現場での取組は、自治体によっても差が大きいところですが、現在、教員の業務改善に向けて様々な方策がとられています。

　例えば、一部の教員に校務が集中しないように、学校長の指揮下において校務分掌を分散させる工夫をしているところもあれば、事務処理を多く抱えやすい副校長（教頭）の事務補佐（サポーター）[2]や会計年度任用職員としての部活動指導員の採用を積極的に進めているところ

もあります。また、一定の時刻になると留守番電話に切り替えるようにして、終業後に教員が電話をとる必要がないようにしたり、出退勤をデータ管理して残務が増えることのないように日頃から声掛けをしたり、教員にパソコンを貸与し、事務連絡はそのパソコンを活用するように工夫して、極力、会議を減らしたりする取組もあります。

　さらに、学校支援員（スクールサポーター）の拡充も図られ、その内容も、教職員の事務支援や学習支援、ＩＣＴの支援など多岐にわたります[3]。地域によっては、ＰＴＡによる登下校の見守り支援も行われ、多方面から学校に関わってもらう機会が増えてきています。

　なお、学校徴収金会計業務からの解放に関しては、公会計の導入が進められています。例えば、給食費の未納に関しては、給食費を公会計化した上で、未納給食費の徴収を外注化する方策が考えられ、既にこうした方策を導入している自治体も見られます[4]。

❸　更なる業務改善に向けて

　昨今の新型コロナウィルス流行により、学校におけるクラウド化も進み、図らずも働き方が大きく変わるきっかけとなりました。今後は、ＩＴ環境整備が進む中で、児童生徒用タブレットの活用（ドリルや宿題をタブレットで行ったり、学級閉鎖の際には朝の会や帰りの会をタブレットで実施したりするなど）も必要になってくると思われます[5]。

　また、特に、中学校・高等学校における部活動の指導は、業務改善の余地が大きい分野と考えられます。部活動での事故は生命身体に関わる事態に至ることもありますから、安全性に配慮を尽くす必要がありますが、その活動は教員の善意に依拠している部分が多く、時間外労働や休日出勤等を助長していることも懸念されます。もっとも、部活動等を通して生徒たちが成長していく姿は教員にとっての喜びでもあり、今後は、教育的側面とのバランスも考えながら、部活動指導員

の活用のほか、適切な指導者の養成なども課題になるのではないでしょうか。

　なお、文部科学省は各学校の取り組みを「改訂版 全国の学校における働き方改革事例集（令和4年2月）」に多数まとめており、参考になります[6]。

❹　教員同士のコミュニケーションの時間確保

　子どもたちが学校にいる時間を除けば、教員に残された業務時間はごく僅かです。その時間を充実させるために不要な会議を削減するなどの工夫は大切ですが、放課後の何気ない教員間のコミュニケーションから問題解決の糸口を見いだしたり、実際に会って話すことによって感じ取れる事柄も多いことを考えると、単に業務時間を減らすことを目的とすれば良いとは言えません。働き方改革の流れの中で、大きな変革の時を迎えていますが、人を育てていく教育現場ならではのニーズに即した取組が求められると考えます。

1　平成28年6月17日「学校現場における業務の適正化に向けて」（28文科初第446号）。

2　自治体によって募集状況も異なるが、元学校管理職や行政事務職員経験者などが会計年度任用職員として採用されている例が見られる。

3　例えば、東京都のTEPRO Supporter Bank（ティープロ サポーター バンク）など。

4　例えば、大阪市では、未納給食費の取扱いをルール化していて、他の自治体と比べると、早い段階で学校現場から切り離している（「学校給食費未納対策事務取扱要綱」〈https://www.city.osaka.lg.jp/kyoiku/page/0000289140.html〉（2022年9月27日確認））。

5　タブレットの活用には、管理運用上の問題もあり、導入時の制度設計は別途必要であるが、正しい活用によって業務改善が図られるものと期待する。

6　https://www.mext.go.jp/a_menu/shotou/hatarakikata/mext_00001.html（2022年9月27日確認）。

12 変形労働時間制

Q. 変形労働時間制を導入したいのですが、どのような点に注意すればよいでしょうか。

A. 1か月単位の変形労働時間制は地方公共団体が設置する公立学校・国私立学校のいずれにおいても導入できます。1年単位の変形労働時間制も国私立学校だけでなく、公立学校でも条例で導入することができるようになりました。国私立学校では、導入に際して労使協定の締結、就業規則の改正等の手続が必要です。変形労働時間制では、一度特定した労働日と労働時間の変更が原則として許されないなどの点に注意が必要です。

❶ 変形労働時間制について

労働時間の原則は1日8時間・週40時間以内です（労働基準法32条・法定労働時間）。しかし、変形労働時間制を導入すると、1週8時間・週40時間の法定労働時間を、一定の期間内で、柔軟に利用することができます。

1か月単位の変形労働時間制（労働基準法32条の2）であれば、その月の所定労働時間が、平均で週40時間に収まっていればよいので、例えば、第1週と第2週の所定労働時間を44時間、第3週と第4週の所定労働時間を36時間にすることが可能です。

1年単位の変形労働時間制（労働基準法32条の4）であれば、1年間の平均の所定労働時間が週40時間に収まっていればいいので、例えば、学校が夏休みである7月～8月の所定労働時間を1日6時間、入試などの繁忙期である2月～4月の所定労働時間を1日9時間にすることが可能です。

66

　変形労働時間制のもとでは、労働基準法上の時間外労働として割増賃金が必要になるのは、所定労働時間を超え、かつ、法定労働時間を超える労働です。所定労働時間9時間と定めた日に10時間の労働をした場合は、後ろの1時間だけが時間外労働となります。これに対し、所定労働時間7時間と定めた日に10時間の労働をした場合は、後ろの2時間が時間外労働となり、7時間から8時間の間の1時間は、労働基準法上の時間外労働ではなく、法内超勤となります。法内超勤に対する賃金の額は、就業規則等の定めに従うこととなりますが、特に定めていなければ、割増なしの通常の賃金を支払えば足ります[1]。

❷　公立学校での変形労働時間制の導入

　地方公共団体が設置する公立学校においても、1か月単位の変形労働時間制を導入することができます。この場合、就業規則ではなく、条例又は規則等で、変形労働時間制の詳細を定めることとされています[2]。

　従前、地方公務員に1年単位の変形労働時間制を適用することはできなかったのですが（地方公務員法58条3項）、令和元年の給特法改正により、条例を制定すれば、公立の義務教育諸学校等の教員に1年単位の変形労働時間制を適用することが可能となりました[3]。この改正法は、令和3年4月1日に施行されました。1年単位の変形労働時間制を導入する際には必要な事項につき、条例又は規則等で定めることとなります。

❸　国私立学校での変形労働時間制の導入

　国私立学校では、1か月単位の変形労働時間制と、1年単位の変形労働時間制のどちらも利用されています。

　1か月単位の変形労働時間制は、過半数組合又は過半数代表者との

労使協定を締結するか、就業規則等に規定を置くことで導入できます。就業規則等には、①その期間を平均して１週当たりの労働時間が40時間を超えないこと、②特定の日・週の労働時間と始業・終業時刻、③変形労働時間制を適用する期間の起算日を定める必要があります（労働基準法32条の２第１項、労働基準法施行規則12条の２第１項）[4]。特定の日・週の労働時間等を事前に決められないときは、勤務割表の作成手続や始業・終業時刻の組合せ等を定めておき、変形期間の開始前までに具体的な始業・終業時刻等を通知する方法も許容されています[5]。勤務割は、全員一律で定めることもできますし、個人ごとに異なる始業・終業時刻等を定めることもできます。時折、１か月単位の変形労働時間制を採用すると定めながら、起算日や具体的な労働時間を定めていない事例がありますが、このような定め方では、変形労働時間制を適用することはできません。

　１年単位の変形労働時間制は、過半数組合又は過半数代表者との労使協定を締結し、かつ、就業規則に根拠規定を設けることで導入できます。労使協定には、①対象となる労働者の範囲、②対象となる期間、③特定期間（対象期間中の特に業務繁忙な期間）、④労働日及び労働日ごとの労働時間、⑤有効期間を定める必要があります（労働基準法32条の４第１項、労働基準法施行規則12条の４第１項）。この労使協定は、労働基準監督署への届出義務があります。１年単位の変形労働時間制では、対象期間を一定の期間ごと（例えば１か月ごと）に区切り、最初の期間だけ具体的な労働日と労働時間を定め、それより後の期間は期間ごとの総労働日数と総労働時間だけを定めておき、具体的な労働日・労働時間は、各期間が始まる30日前までに、過半数組合又は過半数代表者の同意を得て定める方法をとることもできます（労働基準法32条の４第２項）。

④ 変形労働時間制の注意点

変形労働時間制の注意点として、まず、一度特定した労働日・労働時間を変更することは、原則としてできません。学校行事の日程変更や生徒指導、保護者対応等の事情があった場合でも、勤務割の変更等ではなく、休日労働や時間外労働として対応することとなります。

次に、教員の健康状態とワークライフ・バランスへの配慮も欠かせません。変形労働時間制を適用される教員は、出退勤時刻や休日の間隔が不規則になりますし、所定労働時間が長く設定されている時期には、長時間労働が生じやすくなります。所定労働時間内であっても用務がなければ帰宅を認めることや、年次有給休暇を計画的に取得させることなど、疲労が蓄積しないよう配慮することが適切です。

なお、変形労働時間制の導入は、特定の日・特定の週の労働時間が従前より長くなる点で、労働条件の不利益変更に当たることがあります。変形労働時間制が法的に無効とされないように、教職員から個別に同意を得る（労働契約法9条参照）か、労働時間が極端に長くなる日・週を作らないようにする、変形労働時間制の対象者が利用できる休暇を創設する、導入前に丁寧に労使交渉を行うなどの工夫をしておくとよいでしょう（同法10条参照）。

---

1 昭和23年11月4日付基発第1592号。
2 地方公務員法58条4項、昭和63年3月14日付基発第150号。
3 小國隆輔「公立教育職員に対する1年単位の変形労働時間制の適用」判例地方自治454号98頁参照。
4 昭和63年1月1日付基発第1号、婦発第1号。
5 昭和63年3月14日付基発第150号。

13 フレックスタイム制

Q. フレックスタイム制を導入したいのですが、どのような点に注意すればよいでしょうか。

A. フレックスタイム制は、始業時刻や終業時刻の決定を、個々の教員の判断に委ねる制度であり、生徒指導や教科指導に加えて、教員間の意思疎通に支障が生じないように注意すべきでしょう。また、想定外の時間外労働が発生しないよう、労働時間を適切に管理する必要があります。なお、地方公共団体が設置する公立学校ではフレックスタイム制の導入は認められていません。

❶ フレックスタイム制の導入

　フレックスタイム制とは、1か月、3か月などの一定の清算期間を設け、その期間中は、あらかじめ定めた総労働時間の範囲で、日々の始業時刻・終業時刻等を、労働者が自分で決めることのできる制度です。フレックスタイム制は、過半数労働組合又は過半数代表者と労使協定を締結し、就業規則等に根拠規定を設けることで導入することができます（労働基準法32条の3）。従来、清算期間は1か月以内としなければならなかったのですが、働き方改革推進法による改正で、清算期間の上限が3か月になりました。

　労使協定に定めなければならない事項は、次のとおりです（労働基準法32条の3第1項、労働基準法施行規則12条の3）。清算期間が1か月を超える場合、労使協定を労働基準監督署へ届け出る義務があります（労働基準法32条の3第4項）。

① **対象となる労働者の範囲**

② **清算期間（3か月以内に限る）**

③　清算期間における総労働時間（法定労働時間の合計を超えることはできない）

④　標準となる1日の労働時間

⑤　コアタイム（必ず勤務しなければならない時間帯）を定める場合にはその開始時刻と終了時刻

⑥　フレキシブルタイム（労働者の選択により勤務することができる時間帯）を定める場合にはその開始時刻と終了時刻

⑦　労使協定の有効期間（清算期間が1か月を超える場合に限る）[1]

　なお、コアタイム・フレキシブルタイムを定めないフレックスタイム制も可能です。

　フレックスタイム制の最大の特徴は、始業・終業時刻を、労働者が自由に決められる点にあります。一般に、フレックスタイム制に適しているのは、研究職のように、特定の時間帯に勤務する必要性に乏しい職種です。これに対し、顧客対応が必要な職種は、営業時間中に勤務している必要があるため、フレックスタイム制に適していないといえます。

　学校の教員については、授業のある期間中は、生徒の登校時間から下校時間までは、教員が学校にいる必要があるため、必ずしもフレックスタイムに適しているとはいえません。教員を対象としたフレックスタイム制を導入するためには、授業の時間帯をコアタイムに設定した上で、登校時の生徒指導や放課後の施設管理に支障が出ないように配慮する必要があります。例えば、登校時の生徒指導や放課後の施設管理を、フレックスタイム制の対象外の教職員の業務とすることが考えられます。

❷　フレックスタイム制での時間外労働

　フレックスタイム制のもとでは、通常の労働時間制と異なり、1日

8時間・週40時間の法定労働時間を超えた労働が、全て時間外労働になるわけではありません。

　まず、清算期間が1か月以内の場合、時間外労働となるのは、清算期間内の法定労働時間の総枠を超えた労働時間です。例えば、ある年の2月の法定労働時間の総枠が160時間とすると、この2月に170時間勤務した場合、どの日・どの週に何時間の労働をしたかを問わず、170時間−160時間＝10時間が時間外労働となり、この10時間に対して、割増賃金の支払が必要となります。逆に、2月の実労働時間が150時間だった場合には、不足した労働時間分の賃金を控除することが原則ですが、法定労働時間の総枠の範囲内であれば、不足分の労働時間を次の清算期間に繰り越すことができるとされています[2]。

　次に、清算期間が1か月を超える場合は、清算期間全体の実労働時間が法定労働時間の総枠を超えないことと、1か月ごとの実労働時間が週平均50時間を超えないことが必要です。この制約のどちらかに触れる労働時間は、時間外労働となります。例えば、1月〜3月の3か月を清算期間とする場合で、2月の実労働時間が220時間になると、週平均50時間を超える労働時間が20時間発生します。1月と3月の実労働時間がどれだけ短くても、この20時間は時間外労働となり、割増賃金の支払が必要となります（労働基準法32条の3第2項）。

　フレックスタイム制を導入することで、法定労働時間の総枠を柔軟に活用することができます。例えば、コアタイム・フレキシブルタイムを設定しないのであれば、1日10時間・週4日働くという働き方が可能となり、時間外労働も発生しないこととなります。ただ、1日14時間労働のような極端に偏った働き方を許容すると、当然、教員の疲労の蓄積を招きます。教育の質の低下や労災につながらないよう、管理職が適切な業務配分をすることに加え、教員自身が労働時間をコントロールすることが重要です。

❸　公立学校教員とフレックスタイム制

　国家公務員及び地方公務員には、労働基準法32条の３は適用されません（国家公務員法附則16条、地方公務員法58条３項）。したがって、地方公務員である公立学校教員には労働基準法上のフレックスタイム制の導入は認められていません。

　国の省庁や地方公共団体で、フレックスタイム制に近い運用をしている例がありますが、労働基準法上のフレックスタイム制とは異なるものです。国については、一部の省庁で、一般職の職員の勤務時間、休暇等に関する法律６条３項による勤務時間の割り振りを活用して、フレックスタイム的な働き方が可能とされています。また、フレックスタイム制を導入したとする地方公共団体においても、労基法上のフレックスタイム制ではなく、勤務時間条例に基づく週休日の設定や勤務時間の割り振りを活用しています。具体例として、大阪府の寝屋川市では、職員の申告を考慮して週休日の追加や勤務時間の割り振りを行うことができる旨を条例に定めて、コアタイムのないフレックスタイム制に近い運用を行っています[3]。

　国・地方公共団体のいずれも、職員の申告を経て、管理職が事前に始業時刻・終業時刻を決める制度です。始業時刻・終業時刻が、労働者の自由な決定に委ねられていない点で、労働基準法上のフレックスタイム制とは似て非なるものですが、柔軟な働き方を推進するものとして、さらに拡大することが期待されます。

1　有効期間満了時に自動更新とすることも可能だが、更新の都度労働基準監督署への届出が必要である（昭和63年３月14日付基発第150号）。
2　昭和63年１月１日付基発第１号。
3　寝屋川市職員の勤務時間等に関する条例４条の２参照。

14 就業規則

Q. 公立学校では学校ごとに就業規則を作成することは可能でしょうか。また、現状の法令では教員に対してどのような就業規則を規定することが可能でしょうか。

A. 公立学校では、労働基準法が就業規則で定めるよう求めている内容は、法令の定めによるため、学校ごとに就業規則を作成することは予定されていません。もっとも、学校ごとに異なった勤務時間の割り振りをすることはできます。

❶ 公立学校での就業規則

　民間企業（常時10人以上の労働者を使用する場合）においては、労働基準法に基づき、就業規則を作成し、労働基準監督署に届け出なければなりません（労働基準法89条）。そして、就業規則には、必ず、①始業及び終業の時刻、休憩時間、休日、休暇並びに交替制の場合には就業時転換に関する事項、②賃金の決定、計算及び支払の方法、賃金の締切り及び支払の時期並びに昇給に関する事項、③退職に関する事項（解雇の事由を含む）を定める必要があります（絶対的必要記載事項）。また、事業場で定めをする場合に記載すべき事項として、①退職手当に関する事項、②臨時の賃金（賞与）、最低賃金額に関する事項、③食費、作業用品などの負担に関する事項、④安全及び衛生に関する事項、⑤職業訓練に関する事項、⑥ 災害補償、業務外の傷病扶助に関する事項、⑦表彰、制裁に関する事項、⑧その他全労働者に適用される事項があります（相対的必要記載事項）[1]。

　これに対し、地方公務員の場合、任用、人事評価、給与、勤務時間その他の勤務条件、休業、分限及び懲戒、服務、退職管理、研修、福

祉及び利益の保護並びに団体等人事行政に関する根本基準は、地方公務員法に定められ（地方公務員法1条）、詳細な内容は、特例法、条例にも規定されています。例えば、職員の給与、勤務時間その他の勤務条件は、条例で定めることになっています（地方公務員法24条5項）が、それは、職員の権利として法令で保障するのが相当であり、また、住民の負担や利便にかかわる事項であることから議会の意思決定によるものとされているためです[2]。

このように、民間企業において定められる就業規則に相当する内容は、地方公務員の場合、これらの法令によって定められることとなるため、学校ごとに就業規則を作成することは予定されていません（地方公務員法58条3項）。

❷ 現状の仕組みにおける運用

上記のとおり、公立学校では、就業規則によって学校ごとに異なる労働条件を定めることは予定されていませんが、条例・規則等の定めに従って学校ごとに異なる勤務時間の割り振りをすることは可能です。

公立学校の勤務条件や勤務時間については、まず、1週間の正規の勤務時間が条例で定められ[3]、次に、教育委員会は、この正規の勤務時間を、月曜日から金曜日までの5日間において、1日につき7時間45分の正規の勤務時間を割り振ります。その内訳については、最終的に校長の権限とされることが一般的で[4]、校長は、具体的な勤務時間の割り振りを定めることになります。この校長の割り振りの権限によって、学校ごとに特色ある時間割を作成することは可能です。例えば、モジュール制（小学校の場合、1モジュールを15分として、30分授業、45分授業の組合せを作り、1コマとするなど）を導入したり、一般的に午前中の授業は4時間（4コマ）とされるところを5時間（5コマ）授業としたりするなどの工夫が考えられます。その結果、教員の勤務時間と

いう観点からみれば、具体的な割り振りが学校ごとに異なるというこ
とはあり得るでしょう。

　また、最近は、勤務時間の割り振りに教職員の希望を反映させる、
いわゆるフレックスタイム制に類似した制度を導入する試みもあるよ
うです（労働基準法32条の３で規定されているフレックスタイム制とは法的に
異なります。）[5・6]。試行段階ながら、フレックスタイム制の導入はおお
むね好評とのことで、横浜市では、令和３年度に全校を対象に本格実
施したとしています[7]。このような場合にも、事実上、学校ごとに勤
務時間の割り振りが異なることになるでしょう。

1　例えば、菅野和夫『労働法』(弘文堂、第12版、2019)198頁以下、厚生労働省労働基
　準局監督課「モデル就業規則」２〜３頁〈https://www.mhlw.go.jp/content/000496428.pdf〉
　(2022年９月27日確認)、厚生労働省・都道府県労働局・労働基準監督署「就業規則を
　作成しましょう【リーフレットシリーズ労基法89条】」)〈https://www.mhlw.go.jp/new-info/
　kobetu/roudou/gyousei/dl/140811-4.pdf〉(2022年９月27日確認) などを参照。

2　橋本勇『新版　逐条地方公務員法』(学陽書房、第５次改訂版、2020)399頁参照。

3　例えば、東京都の場合「学校職員の勤務時間、休日、休暇等に関する条例」。

4　例えば、東京都中野区の場合、「中野区教育委員会の権限に属する区立学校職員の勤
　務時間等に係る事務の委任に関する規則（平成12年３月31日教育委員会規則第21号）」３
　条で「東京都教育委員会が任命する職員の勤務時間等に係る事務及び区立小中学校に関
　する事務のうち次に掲げるものは、教育長に委任する。」と定められ、「正規の勤務時間
　の割り振り、週休日の指定及び週休日の変更等に関すること」等もここに含まれる
　〈https://www.city.tokyo-nakano.lg.jp/reiki/reiki_honbun/q600RG00000370.html〉(2022年
　９月27日確認)。そして、さらに、この教育長の権限は、「教育長の権限に属する区立学
　校職員の勤務時間等に係る事務の一部委任について(通達)」(平成22年７月１日22中教
　教第753号) の「２　校長への委任事項」として校長に委任されている〈https://www.city.
　tokyo-nakano.lg.jp/reiki/reiki_honbun/q600RG00001838.html〉(2022年９月27日確認)。

5　横浜市教育委員会「横浜市立学校　教職員の働き方改革プラン」(平成30年３月)。
　〈https://www.city.yokohama.lg.jp/kurashi/kosodate-kyoiku/kyoiku/plankoho/plan/
　hatarakikatakaikaku.files/0002_20180817.pdf (2022年９月27日確認)。

6　例えば、「横浜市教育委員会フレックスタイム制度勤務職員の勤務時間に関する規程」
　(平成31年３月29日教委達第３号)。〈https://cgi.city.yokohama.lg.jp/somu/reiki/reiki_
　honbun/g202RG00001959.html〉(2022年９月27日確認)。

7　「横浜市立学校　教職員の働き方改革プラン」令和３年度 取組状況〈https://www.city.
　yokohama.lg.jp/kurashi/kosodate-kyoiku/kyoiku/plankoho/plan/hatarakikatakaikaku.
　files/0115_20220510.pdf〉(2022年９月27日確認)。

15 新型コロナウイルス休校中の勤務時間

Q. 新型コロナウイルス感染症の感染拡大中に在宅勤務を命じられた場合、残業は認められるのでしょうか。在宅勤務中に何らかの成果を出すように命じられた場合はどうでしょうか。

A. 在宅勤務の場合も、労働時間や時間外労働（残業）の考え方は、通常の勤務時と変わりません。所定労働時間外に業務を遂行するよう命じられた場合や、所定労働時間内に処理できないことが明らかな業務を配分された場合などには、実労働時間に応じた時間外労働が発生します。この点は、成果で評価される業務でも、それ以外の業務でも、異なるものではありません。

❶ 在宅勤務を命じられる根拠

　新型コロナウイルス感染症の拡大により、テレワークが一気に広がりました。民間企業だけでなく、国公私立の学校でもテレワークの試みが広がっています。

　テレワークとは、tele（遠隔）とwork（働く）を合わせた造語です。情報通信技術を活用して行う事業場外勤務を指し、働く場所にとらわれない柔軟な働き方を実現するものです。テレワークは、働く場所によって、自宅で業務を行う「在宅勤務」、メインのオフィス以外に設けられたオフィスを利用する「サテライトオフィス勤務」、ノートパソコンや携帯電話等を活用して臨機応変に選択した場所で業務を行う「モバイル勤務」の三つに分類できるとされています[1]。

　学校の教員のテレワークは、在宅勤務の形で行われることが多かったようです。教材作成や事務作業のほか、オンライン授業のうちスタジオ型授業やオンデマンド型授業では、在宅勤務で授業を実施する例

が多く見られました[2]。

　国私立学校の就業規則や、地方公共団体の条例で、在宅勤務について定めている事例は、ほとんど見られません。もっとも、在宅勤務によって、給与や労働時間等の労働条件が変わることはなく、所属や職種が変わることもありません。在宅勤務命令は、出張命令と同じく職務遂行の方法を具体的に指示するものなので、職務命令として命じることができると解されます。

❷　在宅勤務中の労働時間の把握

　在宅勤務の場合も、労働時間の考え方は変わりません。労働時間に当たるのは、使用者の指揮命令下に置かれた時間、つまり、校長等の指示に従って、学校の業務に従事した時間です。例えば、始業時刻から在宅勤務を開始した上で、終業時刻より後の時間帯にオンライン授業を実施するよう指示された場合には、その授業の時間は時間外労働となります。また、所定労働時間内に処理できない業務を行うように指示された場合も、その業務のために所定労働時間外に労働をしたのであれば、時間外労働となります。

　もっとも、在宅勤務の場合、管理職からは、個々の教員の業務の進捗状況が見えにくくなることは否めません。既に多くの業務を抱えていることに気づかずに、その教員に追加の業務を担当させると、時間外労働が発生するのは自明のことです。管理職には、誰が・どのような業務を担当しているのかを正確に把握することが求められます。

❸　在宅勤務中の時間外労働

　在宅勤務中に具体的な成果を出すように求められた場合も、時間外労働の考え方は同じです。例えば、期末試験の作問を指示された場合や、オンライン授業を実施するためのマニュアル作成を指示された場

合などが考えられます。大量の作業が必要な業務であるにもかかわらず、成果物の提出期限までごく短い期間しか確保されていなかったりすると、その業務のために要した始業時刻前又は終業時刻後の作業時間は、時間外労働に当たると考えられます。

　多くの学校、特に公立の小・中・高等学校は、今でも紙媒体での事務処理が多く、オンライン化に十分に対応できていません。在宅勤務等のテレワークを導入することで、かえって作業効率が落ち、長時間の時間外労働を余儀なくされる事例も見られました。しかし、新型コロナウイルス感染症が収束した後も、社会全体のオンライン化が止まることはないと思われます。予算等の制約があるとしても、業務の効率化のチャンスと捉えて、積極的にテレワークを推進することが求められます。

1　厚生労働省「テレワークの適切な導入及び実施の推進のためのガイドライン」（令和3年3月25日改定）参照。

2　オンライン授業には、遠隔合同授業（対面授業を実施するが、学生・生徒はオンライン出席も可能とするもの）、スタジオ型（オンライン上でリアルタイムの授業を行うもの）、オンデマンド型（授業を録画して学生・生徒に配信するもの）がある。

16 過半数組合・過半数代表者

Q. 自治体と教員組合（職員団体）が交渉する際に、教員の過半数が加入している組合が存在しない場合はどうすればよいでしょうか。また、組合のない国私立学校で、教員の多様な利害関係が対立して過半数代表者がどうしても決められない場合はどうすればよいでしょうか。

A. 公立学校教員の教員組合は労使協定の締結権がないため、過半数組合でなくとも交渉自体に支障はありません。過半数代表者は管理監督者以外の者で、投票、挙手等の方法により、事業場の労働者の過半数の賛成を経て選出されますが、利害関係の対立で過半数代表者の決定が難航する場合は、過半数組合の結成を検討することが考えられます。

❶ 公立学校教員の労使関係

　地方公務員である公立学校教員は労働組合法が適用されない（地方公務員法58条1項）ため、労働組合ではなく職員団体の結成が認められています（同法52条以下）。自治体との労使交渉は職員団体が行うことになりますが、民間企業の労働組合と異なり、労働協約の締結権がありません（同法55条2項）。これは、地方公務員の勤務条件は条例で定めるからです。理論上は、その事業場の教職員の過半数が加入する職員団体は、時間外・休日労働に関する労使協定（労働基準法36条・いわゆる三六協定）などの労使協定を締結しうるのですが、実例は多くないようです。また、三六協定について、文部科学省は、給特法が適用される教員には同協定は不要であると解しています（事務職員については必要）[1]。

　民間企業の労使協定は当該事業場の労働者の過半数で組織する労働組合（過半数組合）か、それがなければ労働者の過半数を代表する者（過半数代表者）が締結する（労働基準法36条など）ため、いわゆる過半数組合の存在が重要ですが、近年は労働組合に加入しない労働者が増えており、過半数組合が存在しない企業が増えています。

　公立学校教員が加入する職員団体の加入率も年々低下しており、平成15年頃を境に加入者よりも未加入者が多くなり、加入者の高齢化も顕著になっています。また、教職員の職員団体は教育観よりも政治的スタンスに関心が強く、社会の教育観の変化や子どもを取り巻く環境の変化に十分に関心を払ってきたとは言い難く、特に教員採用数が少なかった世代の教員の労働環境の改善にはほとんど貢献できていないと思われます。そのため、今後教員の働き方改革を進めていく際にも、なぜ職員団体の加入率が低下しているのか、原因を自省的に分析する必要はあるでしょう。

　なお、国家公務員と異なり、地方公務員の職員団体は法令・条例等に抵触しない限りで自治体と協定を締結することができます（地方公務員法55条9項）が、労使間を法的に拘束するものではなく、あくまでも道義的な義務にすぎないとされています。しかし、今後公立学校教員に変形労働時間制などを導入するならば、法律上は条例によって内容を定められるとしても、労使交渉をして詳細を取り決めていくべきです。労使交渉の結果を地方公務員法55条9項の書面協定にまとめ、条例を制定する際には書面協定の内容を参酌することも考えられます。

❷　国私立学校教員の労使関係

　国私立学校教員の労使関係は民間企業と同じく労働組合法が適用されます。また、三六協定をはじめとする労使協定についても、民間企業と同じく過半数組合か、それがなければ過半数代表者が締結します。

ここで言う、過半数とは「事業場の労働者」の過半数であり、管理監督者、休職者、パート、アルバイト、契約社員、嘱託社員は含みますが、役員、派遣社員は含まれません。したがって、過半数組合又は過半数代表者を判断する際には、「事業場の労働者数」を把握しておかなければなりません。

　国私立学校教員の労使関係で問題になることが多いのは、①過半数組合があったが、加入率の低下でいつの間にか過半数を割った状態になった場合、②過半数組合がないので過半数代表者を決めたが、選出方法に問題があった場合、です。①②とも、こうした場合に締結された労使協定は無効とされる可能性があります。

　①については、専任教員の数が少なく、契約教員や非常勤講師の数が増えたことで、加入率が過半数を割ってしまう場合などがあります。契約教員や非常勤講師にとっては永続的に勤務する可能性が低く、専任教員に比べて組合に加入するメリットが少ないからです。

　②については、過半数代表者の選出方法を民主的に行う必要があります。過半数代表者の要件は、（ⅰ）管理監督者ではないこと、（ⅱ）労使協定等をする者を選出することを明らかにして実施される投票、挙手等の方法による手続により選出された者であること、です（労働基準法施行規則６条の２第１項）。したがって、一部の教員で推薦した者を過半数代表者とすることはできません。

　管理職は原則として過半数代表者にはなれませんが、「事業場の労働者」には含まれるので、代表者の選出に関わることはできます。また、使用者が一方的に過半数代表者を選定することはできませんが、使用者から推薦を受けた者であっても、事業場の労働者の投票や挙手などで過半数の賛成があれば、代表者になることができます。

　過半数代表者の任期は法令で規定されていません。もっとも、三六協定については有効期間が必要であり、かつ「１年間とすることが望

ましい」[2]とする通達があるため、１年ごとに三六協定を見直す観点
から、過半数代表者の任期も１年とする場合が多いようです（もっと
も、法令で義務付けられているわけではありません。）。

　労働者間の利害対立により過半数代表者の選出が難航する場合は、
過半数組合の結成を検討することも考えられます。過半数組合であれ
ば、組合の代表者選出は加入する組合員のみで行えばよく、事業場の
労働者の過半数の賛成は必要ないからです。もっとも、この場合は組
合規約で組合代表者の選出方法を明記しておくことが望ましいでしょ
う。

❸ 過半数組合及び過半数代表者の注意点

　過半数組合や過半数代表者は法令で協定締結権を与えられています
が、あらゆる労働者の意思を反映しているわけではない点に注意する
必要があります。特に、現在の労働者の労働環境は極めて多様化して
おり、法的地位、勤務形態、業務内容、利害関係なども労働者によっ
て様々です。そのため、多様化した労働者の利益をできる限り反映さ
せるための努力が必要だと思われます。例えば、過半数組合のほとん
どが専任教員である場合や、過半数代表者の選挙で非正規教員の投票
率が低かったりする場合は、より多くの教員の多様な利益を反映させ
る工夫が別途必要になると思われます。

1　文部科学省「公立学校の教師の勤務時間の上限に関するガイドライン」（平成31年１月
　　25日）〈https://www.mext.go.jp/component/a_menu/education/detail/__icsFiles/
　　afieldfile/2019/01/25/1413004_1.pdf〉（2022年10月５日確認）を参照。
2　平成11年３月31日基発第169号。

第2章

部活動の労働問題

17 職務命令による部活動顧問の強制

Q. 公立の小学校・中学校・高等学校で、教員に部活動顧問を強制的に担当させることはできるでしょうか。また、逆に教員は意に沿わない部活動顧問を断ることはできるでしょうか。

A. 校長には校務をつかさどる権限があり、教員に対して校務分掌として部活動顧問を強制的に担当させることができ、教員は意に沿わない部活動顧問を断ることはできないと思われます。もっとも、勤務時間外の活動を抑制し、研修を充実させる必要があると考えられます。

❶ 部活動顧問を強制的に担当させることができるか

　部活動顧問の担当については、本人の意思に反して部活動顧問を任命してよいか、という問題と、実際に勤務時間内又は勤務時間外に部活動顧問業務を遂行するよう命じてよいか、という問題があります。ここでは、前者の部活動顧問の任命の問題を検討し、後者はQ18で検討します。

　この点について、実質的には本人の意思に反して任命するのは困難ではないかとする根強い反対論があります。現在の法制ではいわゆる「超勤4項目」以外の場面で、公立学校の教員に残業を命じることはできないにもかかわらず、部活動が行われるのは、いわゆる放課後や教員の勤務日以外のことが多いからです。しかし、学校現場の実情を考えれば、校務をつかさどる校長が、教員に対して、校務分掌として部活動の顧問を強制的に担当させることはできるのではないでしょうか。ただし、勤務時間外の活動を削減し、研修を充実させる必要があると考えます。

　部活動の法的性格については、「教育課程外」の活動ですが、中学校の新学習指導要領においても高等学校の新学習指導要領においても、「生徒の自主的、自発的な参加により行われる部活動」については、「学校教育の一環として、教育課程との関連が図られるように留意すること。」と示されています。部活動については、このように、「学校教育の一環」とされている以上、学校教育法で「教育をつかさど」るとされている教員に対し、「校務をつかさど」る校長が、校務分掌として命じ得ると考えられます。

❷　部活動顧問強制に対する反対論について

　公立学校の校長は、給特法に基づくいわゆる「超勤4項目」以外の業務については、教員に対し残業を命ずることはできません。そして、部活動は超勤四項目には該当しないため、部活動業務で残業を命ずることはできません[1]。

　実際に、中学や高校で学校の教育課程として位置づけられている帰宅時のホームルームや学級活動が終わるのは、多くの学校で午後3時台半ばほどではないでしょうか。その後の清掃などを考えれば、部活動の開始時間は、午後4時くらいであるのが多くの学校の実情でしょう。そうすると、校務として命じられた部活動顧問の活動時間は、仮に勤務時間の終期を午後4時45分とした場合、約45分間となります。そして、放課後には、職員会議や教員の打合せ、その他クラスの児童生徒への対応などが入ることも多く、そうすると部活動顧問として活動する時間が勤務時間内に取れず、顧問としての活動は不可能だとも考えられます。これが実質的に考えた場合に、教員への強制が困難とする理由付けであり、このような勤務時間の制約を理由に、一部の教職員からは「部活動顧問を命じることは実質的にできないことを命じることになるから、部活動の強制はできず、自分は顧問にならない」

と主張されることがあります。さらに、給食がある小中学校の教員に
は昼休みがない場合も多く、このような場合には、制度的には、夕方
に休憩時間をとる形になっていることもあり、夕方に顧問としての活
動時間が取れません。

　また、部活動については、教育課程外の活動であるという性格その
ものから、他の校務分掌と異なるものであり、そうすると強制はでき
ないのが自然ではないかという議論もあり得ます[2]。

❸　教員の勤務時間の現実と部活動業務の考察

　ここで他の類書が指摘していない「35」という数字を示しておきま
す。この数字は、教員であればすぐにピンと来る数字なのですが、法
曹はもちろん一般の方にもあまり知られていないのではないでしょう
か。これは、1年の中での授業が行われる週の数です。高等学校学習
指導要領では、1年間に35時間の履修をもって1単位としており、
2単位の授業は、通常70時間行うものとしてカリキュラムが組まれて
います。そうすると約52週ある1年のうちで、上記のように部活の顧
問としての職務を遂行する上で大きな時間的制約があるのは35週間、
1年の7割に満たない期間ということになります。

　また、実際の学校の動きとしても、様々な行事との関係で、35週間
毎日必ず午後3時過ぎまで授業があるわけでもありません。短縮授
業の日や半日しか授業がない日もあるのです。授業がない期間も、教
員の勤務時間は変わりませんから、例えば、半日授業の日は午後に、
子どもたちにとっての夏休みには終日といったように、残業をしなく
とも、顧問としての活動は行えるのではないでしょうか。実質的に不
可能とする議論は、あたかも1年間全ての週、毎日午後3時過ぎまで
通常授業が行われているかのように主張し、もう一つの学校の実情を
ことさらに無視しているように思います。

　私見では、校務の範囲の中であれば、校長は意に沿わない部活動顧問も命じ得ると考えるべきで、教員は意に沿わない部活動顧問であっても断ることはできないと考えます。校務をつかさどる校長が各教員に校務の分掌を命じることは校長の裁量の範囲内と考えられ、仮に校長が個別の教員の意に沿わない学年・クラスの担任を命じ得ないとすれば学校経営に混乱が生じてしまいます。その意味では、校務分掌の一種である部活動顧問も同様に考えられるのではないでしょうか。

　ただし、公立学校では部活動での残業は命じることはできないので、活動時間や顧問の配置には配慮が必要です。校長は、現在の部活動の在り方を見直し、法に適合する部活動の在り方を再構築しなければなりません。また、部活動顧問自体は強制的に命じられると考えるならば、顧問一人一人の部活動の顧問としての資質を磨き、子どもたちの安全を守るためには、当該部活の特徴に見合った専門性を獲得し、活動に伴う危険を予見し、その危険から生ずる結果を回避する力を身に付けさせなければなりません。ですから、研修の充実も大切です。

　学校現場では、校長や教頭が各教員の希望を尊重しながらできるだけの調整を図る、そして教員に加重な負担や責任が生じないように目を配り、勤務時間外の活動は強制しない、競技団体と協力し専門的な研修を充実させる、という姿勢をしっかりと構築することが望ましいのではないでしょうか。

1　国私立学校においては、労使協定（三六協定）を締結すれば、教員に対して部活動業務で残業を命ずることは可能である。
2　神内聡『スクールロイヤー 学校現場の事例で学ぶ教育紛争実務Q＆A170』（日本加除出版、2018）356頁参照。

18 部活動顧問と時間外労働

Q. 勤務時間外に教員に対して部活動業務を強制的に命じること
はできるでしょうか。

A. 公立学校の教員に対しては、いわゆる「超勤4項目」以外
の残業を命じることはできず、部活動は超勤4項目に含まれて
いませんので、勤務時間外に部活動業務を命じることはできませ
ん。一方、国私立学校の教員に対しては、時間外労働に関する労
使協定（三六協定）を締結した上で、勤務時間外に強制的に部活
動業務を命じることは可能です。

❶ 勤務時間外の部活動業務の可否

　公立学校の教員に対しては、給特法のもと、政令で定める四つの業
務でのみ残業を命じうるのが現在の法制度であり、いわゆる「超勤4
項目」として知られています。これによれば、校長が教員に対して残
業を命じることが可能なのは、①校外実習、②修学旅行その他学校行
事、③職員会議、④非常災害や児童生徒の指導で緊急を要する場合そ
の他のやむを得ない必要があるときのいずれかで、かつ臨時又は緊急
のやむを得ない必要があるときに限られるとされており、これらの場
合以外の勤務時間外の教員への残業は命じることはできず、日常的な
部活動業務でも同様です。したがって、公立学校教員に対して勤務時
間外に部活動業務を命じることはできません。

　一方、国私立学校の教員に対しては、労働基準法36条に基づいて時
間外労働に関する労使協定（三六協定）を締結し、その協定で部活動
業務について時間外労働を命じることができる旨を規定することで、
勤務時間外も強制的に部活動業務を命じることは可能です。

❷　教員の残業代について

　国私立学校の場合は、残業を強制的に命令することは可能と考えますが、労働基準法に定める割増賃金を支払うなど、時間外労働としての対応が必要になります（変形労働時間制を導入して、部活動のある日とない日の勤務時間を調整することも考えられます。）。

　この件に関しては、2021年12月に、多くの国立大学法人で残業代が未払であった旨が報じられ、一部の学校には労働基準監督署の是正勧告が出ているとのことですので、国立学校では残業代の支払が当たり前の時代になりそうです。

　一方、私立学校でも法に定められた相当の残業代を支払わずに教員を働かせているようなケースもあるかと思われますが、今後は学校側と教員側双方の意識改革により、国立学校と同様に法律に沿う形で解決されていくべきです。ただし、その場合には個々の教員の勤務状況をどう厳密に管理するかも問題になり得ますし（勤務時間内に勤務外のことをしていたり、寝ていたりする教員がいることもまた経験的な事実です。）、学校法人側は巨額の支払を余儀なくされる場合もあり得ます。

　公立学校においても、今後の法整備次第では残業代を支払って残業を命じる場面も出てくるのかもしれませんが、学校数の多さからその費用は莫大なもので、これまで無制限にも思える教員のやる気に支えられてきた保護者の意識や教育現場の姿が変容しなければ、その実現は難しいのではないでしょうか。

　この点、公立小学校の教員が主位的に超勤4項目以外の時間外業務については労働基準法所定の残業代を支払うよう求め、予備的には労働時間を超えて労働させたとして国賠法上の違法を訴えた裁判[※]では、教員の請求は棄却されたものの、判決のまとめで、「教育現場の実情としては、多くの教育職員が、学校長の職務命令などから一定の時間外勤務に従事せざるを得ない状況にあり……給特法は、もはや教育現

場の実情に適合していないのではないかとの思いを抱かざるを得ず、原告が本件訴訟を通じて、この問題を社会に提議したことは意義があるものと考える」とし、働き方改革による教育職員の業務の削減を行うよう「切に望む」とされています。

❸ 社会が教員の労働時間について認識すべきこと

　教員の労働時間について大切なことは、それは無限なものではないことを、教員も含め、社会全体が正しく認識することではないでしょうか。日本の学校の特色として、学校は明治期以来全ての子どもと家族を相手にし、時には地域社会の中核をなすワンストップサービスとしての機能を持っているのですが、そのことに社会は頼りすぎており、他方で教員は無自覚であるように感じます。

　ここで、刑事弁護を多く手掛ける弁護士である筆者が先日経験したエピソードを紹介します。午後 8 時前に警察署に接見（警察署に留置されている被疑者や被告人に弁護人が面会すること）に行った際に、警察署のロビーで接見時間を待っていたときのことです。小学生らしき子を連れた母親がやってきて、「昼間、学校の駐車場で当て逃げされました。夕方からすぐに仕事だったので、そのままにしてしまったのですが、これから学校に行って実況見分できませんか。」と警察官に相談し始めました。その後、母親は学校に電話をして担任と話をし、夜勤の警察官に「先生が待っていてくれるっていうので、お願いします。」と頼んでいました。母親に悪気はないのでしょうが、学校の教員にも勤務時間はあり、午後 8 時は間違いなく勤務時間外です。こうしたエピソードからも、社会全体の意識を変えていく必要があると感じます。

※　さいたま地判令和 3 年10月 1 日労判1255号 5 頁。

19 複数顧問制

Q. 部活動の負担を改善する案として、顧問を複数の教員で担当させたいと考えています。部活動顧問を複数の教員で担当する場合には、どのような点に注意すべきでしょうか。

A. 複数の顧問で上手に部活動を動かしていくことは、実はなかなか難しいことです。主顧問と副顧問という一定の上下関係がある場合もあるでしょうし、同年代の仲の良い教員がほぼ対等の立場で顧問に就く場合もあるでしょう。特に前者の場合は、管理職が指導力を発揮し、主顧問の指導に対し副顧問が意見を言えるような環境を学校全体として構築することが大切です。

❶ 主顧問と副顧問の法的責任

　まず、部活動内での事故の問題について考えてみます。副顧問が指導に当たっている場合の事故だけでなく、主顧問のみが指導に当たっている場面での事故でも副顧問が責任を負うべきなのか、問題にはなり得ます。国私立学校では、学校設置者及び教員への損害賠償請求の場面で、副顧問も連帯責任が問われる可能性があり、求償の問題は別にしてその責任が免除されるわけではありません。このように副顧問も法的責任を分担する可能性があるわけですから、複数の教員間では、その注意義務の遂行に当たって、間隙ができないように配慮する必要があります。

　判例[1]によれば、教員が負う児童生徒の安全に関する注意義務は、科学的知見までもが要求される高度なものなので、副顧問といえどもその部活に関する特に安全面の確保のための知見の獲得のため不断の努力をしなければならないということです。特に、事故が予見できる

ような活動がある運動部の副顧問は、注意しなければなりません。この点、運動部が参加している競技団体の正式な大会での事故についても、顧問の安全配慮義務は直ちに免除されたり軽減されたりしない旨の裁判例[2]もあり、同様の論理を使うなら、主顧問がいるからといって副顧問の安全配慮義務が直ちに免除されたり軽減されたりするわけではないことになりそうです。

❷　主顧問と副顧問の関係

　では、主顧問と副顧問の関係はどのようなものでしょうか。ここでは体罰をめぐるトラブルの例について紹介します。最近も、アイスを食べたとして激怒した柔道部の顧問が部員に暴力をふるい、副顧問がそれを制止し得なかったという事件が起きています。確かに有力な顧問は、その部活の中で絶対的な権力をふるいがちで、独善に陥りやすいものです。副顧問に当たる教員は、強い指導力を発揮するのが苦手な場合もあります。そして、その担当競技等については熟知していない場合や、熟知しているとしても、副顧問自身が主顧問の教え子であったりする場合もあり、主顧問に意見するのは簡単ではありません。

　私見では、この問題は、主顧問と副顧問の二人だけの間で解決するのは不可能であり、管理職が部活動の実情を把握するように努め、必要に応じて両顧問に声がけをしたり、副顧問をまめに変更したりするなど工夫することが有効だと考えます。短い期間で異動する管理職が、学校の中心人物としてふるまっている古参教員に強く指導することは難しいのが現状です。しかし、子どもたちの安全を第一に考えると、ここは管理職の踏ん張りに期待するほかなく、必要に応じて教育委員会の力も借りなければならないのではないでしょうか。

　筆者には高校管理職（教頭職）の経験がありますが、野球部を率いて甲子園に出場した顧問、全国制覇を目指して活動し実際にインター

ハイで優勝や準優勝を繰り返している部活動の顧問、関東大会に頻繁に出場する部活動の顧問等の場合、その部活動のマネジメントについては、管理職としても非常に口を出しにくいというのが実情です。多くの場合、これらの顧問はその学級経営においても強い指導力を発揮し、安定感があるので、管理職としても様々なことを頼りがちになり、丸投げ状態になったりしてしまいがちなのです。しかし、中学や高校での体罰が、部活動で最も多く行われていることも知られており、管理職は、主顧問の指導上の問題点を看過してはいけません。

　さらには、教員としての懲戒処分がどうなるのかも問題です。教員の行為については、一般に、刑事的責任、民事的責任、公務員としての責任又は雇用契約上の責任（懲戒処分）が問われ得るのですが、事故が生じた場合の懲戒処分については、懲戒権を持つ学校設置者（教育委員会、学校法人、国公立大学法人）もまた、実際には校務として部活動顧問を押し付けていたり、教員が受けざるを得ない状況にある学校側の事情をあえて知りながらも部活動を運営しているという現実を、教員を懲戒するに当たり配慮すべきではないでしょうか。このように、部活動顧問の懲戒に当たっては学校設置者の責務も議論する必要があると考えられます。

1　最判平成18年 3 月13日判時1929号41頁。
2　札幌高判平成19年 2 月23日裁判所ウェブサイト。

⑳ 部活動指導員の契約形態

Q. 部活動指導員を導入する際には、業務委託契約と雇用（任用）契約のどちらがよいでしょうか。

A. 部活動が学校教育の一環として校務の一部であることや、スポーツ庁の通知により部活動指導員は校長の監督下で業務を行うとされていることから、雇用又は任用により導入することが望ましいです。また、導入に際しては、懲戒権や体罰禁止の規定を盛り込むことや、必要な規則等の策定や研修の実施が求められます。

❶ 部活動指導員の法的位置づけ

　部活動指導員は部活動顧問を担当する教員の負担を軽減する目的で、2017年の学校教育法施行規則改正により導入された職種です。部活動指導員は、中学校や高校の「スポーツ、文化、科学等に関する教育活動」に係る「技術的な指導に従事する」と規定されています（学校教育法施行規則78条の2、104条）。

　一方、スポーツ庁の通知では部活動指導員の職務は施行規則よりも広範に想定されており、実技指導、安全・障害予防に関する知識・技能の指導、学校外での活動（大会・練習試合等）の引率、用具・施設の点検・管理、部活動の管理運営（会計管理等）、保護者等への連絡、年間・月間指導計画の作成、生徒指導に係る対応、事故が発生した場合の現場対応、なども部活動指導員の職務として想定されています[1]。

　なお、現状では、日本中学校体育連盟・全国高等学校体育連盟などの連盟が主催する公式大会に関しては、連盟が定めるルールにより、大会に参加する生徒の引率は部活動指導員だけでなく、教員が引率しなければならないとされています。

❷ 部活動指導員の契約形態

　部活動指導員を導入する場合には、主に二つの契約形態が考えられます。

　一つは、学校設置者と部活動指導員との間で「業務委託契約」を締結する形態です。この場合、法的には「委任」と「請負」のいずれかに解釈すべきかが問題になりますが、部活動指導員が一定の専門性に基づいて技術的指導を遂行するのであれば、「準委任」としての性格が強いといえるかもしれません[2]。しかし、部活動が学校教育の一環であり、校長が掌理する「校務」に含まれるのであれば、部活動指導員が校長の指揮監督下で業務を行わない業務委託の形態は教育法的には好ましくないと思われます。実際に、前述のスポーツ庁の通知では部活動指導員は「校長の監督を受け」て技術的な指導に従事するとされており、業務委託では通知に矛盾することになります。

　もう一つは学校設置者と部活動指導員との間で「雇用契約」を締結する形態です。この場合、公立学校であれば、教育委員会が非常勤の会計年度任用職員として部活動指導員を任用することになります。部活動指導員が雇用又は任用されるならば、校長の指揮監督下で業務を行うことになるため、部活動が校務の一部であることや前述のスポーツ庁の通知とも整合します。したがって、部活動指導員を導入する場合は雇用又は任用によるのが望ましいでしょう。

❸ 部活動指導員と締結する契約上の注意点

　前述のように、部活動指導員の業務には技術的指導以外にも部員に対する生徒指導も含まれていますが、部活動指導員が教員でない場合は学校教育法で定められている教員の懲戒権や体罰禁止に関する規定が適用されません。そのため、契約上で体罰や不適切な指導を禁止する旨の条項を設ける必要があります[3]。また、前述のスポーツ庁の通

知でも、部活動指導員の体制整備として、学校設置者が身分、任用、職務、災害補償、服務等に関する事項等必要な事項を定めた部活動指導員に関する規則等を策定することや、部活動の位置付けと教育的意義等について、事前に研修を行うほか、その後も定期的に研修を行うことを求めています。

　なお、公立学校の部活動指導員の経費については、適切な練習時間や休養日の設定など部活動の適正化を進めていることを前提に、3分の1を国が負担し、残り3分の2を都道府県と市町村が負担することになっています（**Q23**を参照）。

1　スポーツ庁「学校教育法施行規則の一部を改正する省令の施行について（通知）」28ス庁第704号平成29年3月14日。
2　部活動の指導は法律行為ではないので、委任ではなく準委任になると考えられる。
3　誓約書を作成して、部活動指導員に誓約させる方法を採用している自治体もある。

21 部活動指導員・非常勤講師による顧問業務

Q. 部活動指導員や非常勤講師に部活動顧問を担当させることはできるでしょうか。また、試合の引率をさせることはできるでしょうか。

A. 部活動指導員や非常勤講師も部活動顧問を担当できますが、部活動指導員のみによる試合の引率が認められていない連盟規約や慣例も多く、改正が望まれます。

❶ 部活動指導員が顧問を担当する場合

部活動顧問は法令上の職種ではなく、資格要件もありません。そのため、誰が担当しても法的には問題ありません。極端に言えば、校長が顧問を担当することも可能ですし、保護者が顧問を担当することも可能です。

部活動指導員が顧問を担当することは、部活動指導員が「スポーツ、文化、科学等に関する教育活動（中学校の教育課程として行われるものを除く。）に係る技術的な指導に従事する。」(学校教育法施行規則78条の2) と法令で規定されていることに鑑みて、望ましいことだと思われます。スポーツ庁の通知でも「校長は、部活動指導員に部活動の顧問を命じることができる」と規定されています[1]。

もっとも、教員ではなく部活動指導員のみが顧問を担当する場合には、「当該部活動を担当する教諭等を指定」し、「年間・月間指導計画の作成、生徒指導、事故が発生した場合の対応等の必要な職務に当たらせる」ことに留意しなければなりません[2]。そのため、現状の部活動指導員の業務内容では、教員の業務負担はさほど軽減されるわけではなく、かえって部活動指導員との連絡調整業務などの雑務が増える

ことも否定できません（いわゆるエージェンシー・コストの発生）。

　また、これまでは部活動指導員が試合などの引率業務をすることは認められていませんでしたが、近時、日本中学校体育連盟や全国高等学校体育連盟などの部活動を主催する連盟の規約により認められるようになっています。もっとも、部活動指導員「のみ」による引率は慣例上広く認められているわけではなく、通常は学校の「職員」（教員だけでなく、事務職員なども含まれます。）が引率するように求められています[3]。例えば、高校野球では責任教師と監督の２人が引率しなければ大会に出場できませんが、責任教師は「校長、副校長、教頭、または教諭、常勤講師、臨時的任用講師」から校長が委嘱すると規定しており、部活動指導員が含まれていません（監督は部活動指導員でも委嘱できます。）[4]。そのため、部活動指導員だけで引率することはできません[5]。

❷　非常勤講師が顧問を担当する場合

　前述のように、部活動顧問には資格要件がないため、非常勤講師に部活動顧問を担当させることも可能です。

　非常勤講師が部活動指導員と異なる点は、「職員」であるという点です。部活動指導員も雇用・任用されているのであれば職員なのですが、部活動の連盟規約などでは扱いが区別されており、非常勤講師が部活動の引率業務をすることは、ほとんどの連盟や大会規約で認められています。

　また、非常勤講師は授業を担当することから教員免許を保有している必要がありますが、部活動指導員には資格要件はありません。そのため、部活動を学校教育の一環として位置付けている学習指導要領の観点からは、「教員」ではない部活動指導員よりも「教員」である非常勤講師が顧問を担当することが望まれているようにも考えられます。

③ 部活動指導員の顧問業務の問題点

法令上の部活動指導員の職務内容は部活動の「技術的な指導」に限定されていますが、前述のスポーツ庁の通知によれば、部活動指導員の職務内容は次のように広範です。

- 実技指導
- 安全・障害予防に関する知識・技能の指導
- 学校外での活動（大会・練習試合等）の引率
- 用具・施設の点検・管理
- 部活動の管理運営（会計管理等）
- 保護者等への連絡
- 年間・月間指導計画の作成
- 生徒指導に係る対応
- 事故が発生した場合の現場対応

特に、生徒指導に係る対応については、「部活動指導員は、部活動中、日常的な生徒指導に係る対応を行うこと。いじめや暴力行為等の事案が発生した場合等には、速やかに教諭等に連絡し、教諭等とともに学校として組織的に対応を行うこと。」と規定されていますが、教員ではなく、教員免許も教職経験も必要とされていない部活動指導員に日常的な生徒指導業務を担当させることは、やや無理があるように思えます。

また、教員と異なり、部活動指導員は生徒を懲戒する権限はありません（学校教育法11条参照）。部活動指導員には顧問教員との情報共有も求められていますが、個人情報の管理や守秘義務などに関しては不透明です。

このため、部活動指導員に顧問を担当させる場合には、個別の契約

などで職務内容と責任を明確にしておく必要があるように思われます。

1　スポーツ庁「学校教育法施行規則の一部を改正する省令の施行について（通知）」28ス
庁第704号平成29年 3 月14日。

2　スポーツ庁・前掲注 1)「第 2 　留意事項（ 3)」を参照。

3　例えば、高体連の規約では、引率責任者は学校の職員とされ、校長から引率を委嘱さ
れた部活動指導員に引率を委嘱する場合には、都道府県高体連会長に事前に届け出ると
規定する（「全国高等学校総合体育大会開催基準要項」〈https://www.zen-koutairen.com/
pdf/kaisai_202202.pdf〉（2022年10月 5 日確認))。

4　日本高等学校野球連盟「令和 4 年度大会参加者資格規程」〈https://www.jhbf.or.jp/
rule/enterable/enterable_2022.pdf〉（2022年10月 5 日確認)。

5　なお、責任教師になれる者であれば、監督を兼ねて 1 人で引率することも可能である。

22 教員と部活動指導員の兼業

Q. 教員が部活動指導員を兼業として担当することはできるでしょうか。できるとしたらどのような方法があるでしょうか。

A. 教員が部活動指導員を兼業することは法律上禁止されていません。教員が部活動指導員を兼業する場合は、労働時間が通算されることに注意すべきです。

❶ 教員と部活動指導員の兼業

　部活動指導員は、教員の負担を軽減する目的で導入された職種であることからすれば、教員以外の外部人材が担当することが想定されています。しかし、教員が同時に優れた部活動指導者でもある場合は、部活動指導員を導入するよりも、その教員が技術的指導を担当したほうが合理的であり、日常的に生徒と接する教員としての立場も活かせることから、より効果的な部活動運営が可能になります。また、法律上は「教諭」と「部活動指導員」は別の職種であり、両者の兼業を禁止する規定はありません。公立学校教員は任命権者が承認した「教育に関する他の職を兼ね」ることができる（教育公務員特例法17条1項）ことから、教員が部活動指導員を兼業することは禁止されていないと考えられます。

　もっとも、教員が優れた部活動指導者ならば、そのまま部活動顧問を担当させるほうが現実的です。しかし、部活動顧問は法律上の職種ではなく、その教員が有する部活動に関する高い専門性を評価することができません。当該部活動に関する専門知識や豊富な経験を有する教員ならば、部活動指導員の立場で部活動指導に関わるべきだといえます[1]。

❷　教員が部活動指導員を兼業する場合の注意点

　教員が部活動指導員を兼業する場合、労働時間に注意する必要があります。なぜなら、教員が部活動指導員として雇用又は任用されて労働した時間は、労働基準法により教員として労働した時間と「通算」して労働時間とみなされるからです（労働基準法38条）。

　そのため、教員が部活動指導員を兼業する場合は、放課後の部活動業務の時間を考慮して始業時間を繰り下げた勤務形態にするなど、教員としての労働時間と部活動指導員としての労働時間の通算が1日8時間を超えないように注意する必要があります。また、土日の部活動に従事する時間についても、振替休日や代休などを活用して時間外労働・休日労働を抑制する必要があります（もっとも、この点は教員が部活動顧問を担当する場合も同様です。）。

　また、部活動指導員としての報酬（給料）も、教員の給料とは別の基準で支給されることになります。仮に、部活動に従事した時間により時間外労働・休日労働が発生すれば、部活動指導員の報酬（給料）を基準にした割増賃金が支払われることになります[2]。

　このように教員各自の専門性を活用するために柔軟な労働時間を設定することは、専門性に基づくチーム体制の構築を掲げる「チームとしての学校」の理念にも適うものであり、今後検討されるべき方策であると考えられます。

1　例えば、看護師免許を有する養護教諭の場合、法律上は養護教諭の立場ではできない医行為の一部も看護師として可能であり、実際に医療的ケアを必要とする児童生徒に対して看護師として医行為を行う養護教諭も存在する。

2　例えば、部活動指導員として時給1,000円で兼業するならば、1日8時間を超えて部活動指導員として労働すれば、1,250円（25％）の割増賃金が発生する。

23 部活動指導員の報酬

Q. 部活動指導員の報酬はどの程度が適当でしょうか。また、保護者から徴収した部費から部活動指導員の報酬を支給することはできるでしょうか。

A. 部活動指導員の報酬は法律で決められていませんが、雇用契約で導入するならば最低賃金法の適用があります。また、保護者から徴収した部費から報酬を支給する方法は「受益者負担」の考え方からは望ましいですが、法律構成や予算上の会計処理が煩雑になるため、実際上は困難です。

❶ 現行上の部活動手当について

　部活動業務は給特法が適用される公立学校教員にとって労働時間ではないとされますが、文部科学省は「部活動手当」の支給を認めており、実際に予算も計上しています。この部活動手当は、土日の部活動業務について、「4時間以上で一律3,600円」「2時間から4時間未満で一律1,800円」の手当を担当教員に支給するものです。もっとも、この部活動手当は労働基準法の時間外・休日労働の割増賃金とは明らかに異なるものであり、法的性質も明らかでありません（自治体では文部科学省からの予算に基づき、部活動手当を「特殊勤務手当」の一種として支給しています。）。

　一方、国私立学校は労働基準法が適用され、部活動が労働時間とみなされ、かつ法定労働時間を超えて行われるならば、割増賃金を支払わなければなりません。しかし、国私立学校でも土日の部活動に割増賃金ではなく公立学校に類似する部活動手当を支給しており、違法ともとられかねない実態が多く見られます。

❷　部活動指導員の報酬と財源

　部活動指導員の報酬については、法令で規定がありません。部活動指導員を雇用契約で導入するならば、最低賃金法の適用があるので無報酬はおろか、最低賃金を下回ることはできません。これに対し、業務委託契約であれば法律上は無報酬でも可能です（ボランティアの部活動指導員）。

　文部科学省は2021年度予算に、全国の公立中学校に10,800人の部活動指導員を導入するために12億円を計上しており、この金額には報酬だけでなく、交通費なども含まれます。しかし、公立中学校は全国に9,000校以上あることから、これでは１校にせいぜい一人の部活動指導員を導入する予算しか賄うことができず、部活動指導員を配置できる部は各中学校で一つだけという状況になってしまいます。また、国が負担する経費は３分の１にすぎないので財源に余裕がない自治体ほど部活動指導員を配置することが困難です。

　なお、文部科学省は部活動指導員の経費を支援する要件として、「スポーツ庁の運動部活動に係るガイドライン及び文化庁の文化部活動に係るガイドラインを遵守する」「教師の負担軽減の状況を適切に把握する」などを挙げており、働き方改革を推進している学校設置者に優先的に予算を配分するとしています。また、交通費の支援については、人材確保のための人材バンクを立ち上げている（計画作成段階も含む）学校設置者に対して行うとしており、支援に際しては、各自治体において客観的な在校等時間の把握等を行っていることを前提とするとしています。このように、部活動指導員の導入は学校の働き方改革の一環として位置づけられています。

　部活動指導員が担当する顧問業務は、従来は教員が無報酬で行ってきたものです。部活動指導員に相応の報酬を支給するのであれば、従来どおり顧問業務を担当する教員に対しても相応の賃金又は手当を支

給すべきです。また、報酬額も一律ではなく、部活動指導員の能力や経験などに応じて異なる報酬額を設定することが望ましいとも言えます。

　本来であれば部活動指導員の報酬は導入する前に議論すべき事項ですが、現状では十分な議論がなされないまま部活動指導員が法令上の職務として明記され、政策的に導入されています。そのため、文部科学省で部活動指導員の報酬に関する方針を定めることが望まれます。

❸　保護者から徴収した部費で部活動指導員の報酬を支給する方法

　部活動は強制的な教育課程ではなく、生徒の自主的、自発的な活動です。そのため、「受益者負担」の考え方から、部活動に参加する生徒の保護者が部費を支払い、学校が預かった上で、そこから部活動指導員の報酬を支給する方法が考えられます。この場合、学校設置者は部活動指導員に支払う報酬を保護者から徴収した学校徴収金で充てるために予算上別に処理しなければなりません。法律構成としては、学校設置者と保護者との契約（保護者が学校設置者から部活動指導員の部活動業務を子どもに提供してもらうために部費を支払う）と、学校設置者と部活動指導員との契約（雇用又は業務委託）の二つの契約から構成される制度と考えられます。

　部活動は参加しない生徒もいることから、部活動に参加していない生徒の保護者からすれば、公費で部活動指導員の報酬を支給する点に関しては疑問の余地もあるところです。そのため、「受益者負担」の考え方からすれば、部活動に参加する生徒の保護者から徴収した部費から部活動指導員の報酬を支給するのが本来的には望ましいのですが、上記のとおり法律構成も予算上の会計処理も煩雑になることから、実際上は難しいと考えられます。

24 部活動の合同チーム

Q. 複数の学校の生徒による合同チームを結成して部活動を運営することはできるでしょうか。できる場合にはどのような点に留意すればよいでしょうか。

A. 複数の学校の生徒による合同チームを結成して部活動を運営することはできます。ただし、合同チームの顧問教員になった場合は、自分の学校だけでなく他の学校の生徒に対しても安全配慮義務を負担する等の責任が増す点に留意すべきであり、合同チームを編成するとしても、できるだけ各々の学校の教員に関わってもらうのがよいでしょう。また、異なる学校設置者間で編成された合同チームは、法的責任が複雑になったり、個人情報管理などが難しくなるなどの問題が生じます。

❶ 部活動における他校との合同チーム結成

　部活動は教育課程外の活動であることから、様々な活動形態が可能です。そこで、内容や目的に応じて、複数の学校と合同して活動することもできます。例えば、野球部、サッカー部、合唱部、オーケストラ部等のように、一定数以上の人数で活動しないと活動範囲が限られ、部活動の目的を一部達成できない部活動があります。1校の生徒だけでは部員数が一定数に満たないときは、複数の学校の生徒により合同チームを結成する必要が生じるでしょうし、実際に、合同チームを結成して活動している学校もあります。中学校学習指導要領にも「中学校間……の連携や交流を図る」との記載があることから、異なる学校間で合同の部活動を編成することも想定されています[1]。

　近年、少子化による影響で、部活動を維持するだけの十分な生徒数

が確保できない学校も出てきているため、合同チームのニーズは年々増大しています。また、教員の労働問題においては部活動の負担が深刻であることから、各学校の教員に部活動顧問を担当させるよりも、学校間で合同チームを編成して専門的な指導ができる教員が代表して部活動顧問を担当する方針も考えられています。

❷ 連盟・協会による合同チームの制約

一方、合同チームの編成に関しては、部活動の公式大会などを運営する主体の連盟や協会などが一定の制約を設けています。

例えば、合同チーム編成の名目で各学校の選りすぐりの強い選手を集めて強力なチームを編成することも考えられなくもないのですが、日本中学校体育連盟・全国高等学校体育連盟などはこのような勝利至上主義のための合同チーム結成であってはならないと示しており、個人種目のない競技で、かつ一定の人数を下回った場合にのみ、合同チームを編成できると規定しています[2]。

❸ 他校との合同チーム結成時の留意点

他校との合同チームを結成して部活動を行う際には、他校の生徒に対しても当該学校の生徒と同様の安全配慮義務を負うことになります。例えば、A高校とB高校で合同チームを結成し、部活動顧問はA高校のT先生が担当する場合、T先生はB高校の部員生徒に対しても安全配慮義務を負います（法的には、T先生はB高校の設置者が生徒に対して負っている安全配慮義務の履行を代わって行う「履行代行者」に該当します。）。そのため、T先生は合同チームの顧問教員として、B高校の生徒が怪我をしたり熱中症になったりしないように配慮する必要があります。

また、合同チーム内でいじめが発生した場合は、両校で連携して対応する必要があります（いじめ防止対策推進法27条）。その他、合同チー

ムの顧問教員は、担当している他校の生徒が第三者に対し暴力を振るう等の違法行為を行った場合には、当該生徒を指導し、同生徒が所属する学校へ報告する必要があるでしょう。

このように、合同チームを結成して部活動を行うときは、合同チームの代表顧問になった教員の責任が増すことが考えられるので、各々の学校の教員ができるだけ部活動に参加するほうがよいでしょう。

なお、異なる市町村にまたがる合同チームや、公立と国私立の合同チームのように設置者が異なる学校で編成された合同チームは、様々な法的問題が生じます。例えば、部活動中に事故が発生した場合、合同チームの顧問が公立・国私立いずれの教員かによって、法的責任の有無が異なるため、損害賠償請求が複雑になる可能性があります（公立学校教員は国家賠償法の適用により原則として個人責任は負わないが、国私立学校は個人責任を負う可能性があります。）。また、部員生徒の個人情報の管理も設置者によって適用される法令も異なります。例えば、公立学校は設置者である自治体ごとの個人情報保護条例が適用されるため、異なる自治体間の学校による合同チームの部員の個人情報管理はどちらの条例が適用されるかを決めておく必要があるかもしれません。また、国私立学校には個人情報保護法が適用されるため、例えば、合同チームでいじめが発生した場合には、いじめを解決するために必要となる個人情報の提供をスムーズに行うことが難しい場合も考えられます[3]。

1　文部科学省「中学校学習指導要領」（平成29年3月）より［第一章総則・第5・1・ウ及び2・4］参照。

2　例えば、日本中学校体育連盟のウェブサイト〈https://nippon-chutairen.or.jp〉（2022年9月19日確認）を参照。

3　私立学校の場合、第三者提供に該当しないという考え方もある（個人情報保護法27条5項）。

25 部活動顧問の交代

Q. 部活動顧問が土日休みに旅行に行くため、監督業務を別の教員に任せたところ、それを知った保護者から「遊びに行くために仕事をサボるのか」というクレームが入った場合、どのように対応すればよいでしょうか。

A. 教員にも家族があり、一労働者として勤務時間が定められており、休日や有休休暇があることを理解してもらうように説明すべきです。近年は、こうした対応も十分理解してもらえるような社会的な風潮も広がっています。

❶ 土日の部活動をめぐる状況

　学校管理職が教員に対して部活動業務を強制する場面とは別に、教員が、保護者から部活動業務をするよう迫られる場面も見られます。しかし、給特法が適用される公立の小中高では、そもそも休日の部活動は法的に許された残業ではないのですから、本来的な業務や仕事には当たらないとも考えられ、「サボっている」と言われる筋合いではありません。しかし、学校現場の空気はそうはなっていない上に、「教員は無限の時間を部活動を含めた教育活動に費やすべきである」と、素朴に感じている保護者も多いのです。こうした背景には、より部活を強くしたいという勝利至上主義の風潮もありますし、土日が自身の休日である保護者にとっては、土日に子どもの部活動に寄り添うことに強い生きがいを感じている面もあります。

❷ 教員の勤務時間と部活動改革

　このようなクレームへの対応ですが、正面から、「顧問にも家族が

いるのです。教員も一公務員（一労働者）ですし、勤務時間が定められており、休日や有休休暇があることをご理解いただきたい。」と説くのも一つの手です。これまでも教員・弁護士として30年来、学校現場に一定のかかわりを持ってきた筆者の実感としては、何より家族を大事にする保護者、家族を大切にする子どもが増えてきており、徐々にですが、時間をかけて、このような正論がより受け止められやすい社会になってきていることも事実だと思います。近年、自身の子どもの入学式に出席するために職務としての入学式を欠席することの是非が論じられましたが、このような議論が俎上に載る時代になってきているのです。

　また、社会全体の動きとして、学校の働き方改革を踏まえた部活動改革が問題となっている現在、教員が休日に教科指導を行わないことと同様に、休日に部活動に携わる必要がない環境の構築のために、部活動の時間を制限したり、段階的に地域に移行する取り組みが始まっていると伝えていただくことも効果的なのではないでしょうか。文科省やスポーツ庁のホームページには、顧問の長時間労働の問題の顕在化や少子化の進展の中、特に運動部の部活動の在り方に関して、抜本的な改革に取り組む必要があると考えていることが示され、様々な文書がアップされています。これらの資料は適宜更新されていますので、教員としても新しい動きを常に確認していくことが大切です。

　全ての子どもたちのために全ての学校で様々なスポーツや文化活動を重んずる風潮は、日本では、独自に歴史的に形作られたもので、日本の教育の特徴でもあります。その歴史の中から、教員は土日に指導しても当たり前という風潮が広まってきたわけですが、その改革は既に始まっています。

26 部活動の経費負担

Q. 部活動業務で顧問が自分の自動車を使用した場合、ガソリン代を学校に請求できるでしょうか。また、部活動中に生徒の体調が悪くなり、顧問が自分の車で病院に連れて行った場合はどうでしょうか。

A. いずれの場合にも、当該部活動の遂行に自動車の利用が必要であるならば、公務の遂行として請求ができると考えます。部活動は「学校教育の一環」ですので、公式大会だけでなく、その他の場合であっても、その活動目的で顧問による出費が必要となる経費については、合理的な手続と算出法のもと、出張費として当然請求し得るとするべきです。また、部活動中に生徒の体調が悪くなったときに顧問の判断で自分の車で病院に連れて行った場合にも、学校設置者が負う安全配慮義務を顧問が果たしたともいい得る行動ですから、出張費として請求できるとするべきです。

❶ 部活動業務中の経費負担

　部活動業務で顧問が様々な経費を自己負担した場合には、部活動業務自体が「校務」に含まれるかどうかによって経費を請求できるかどうかは判断が分かれます。

　中教審では「教員の職務について」と題する資料の中で、「校務」について「学校がその目的である教育事業を遂行するため必要とされるすべての仕事」としています※。確かに部活動は、生徒から見ればその「自主性・自発性」に基づく活動ですが、部活動業務は教育をつかさどる教員にとっては、上記「すべての仕事」に包含されると考えるのが自然ではないでしょうか。

　そして、分担された校務が「職務」ですから、部活動業務は教員の職務といえ、これは公務に該当します。また、部活動は「学校教育の一環」ですので、公式大会だけでなく、その他の場合であってもその活動目的で顧問による出費が必要となる経費については、合理的な手続と算出法のもと、出張費として当然請求しうるとするべきです。この点、学校文化で当然のように行われている、教員による経費の安易な立替払い等は、法的な観点からは厳に慎むべきだと思われます。

　以上から、本件では顧問はガソリン代を学校に請求できると考えられますが、本件の問題は単にガソリン代の請求の可否にとどまらず、仮に何らかの事故が起こった場合に、その事故が公務災害に当たるかどうかにも関わるものです。部活動業務での出張については、生徒を引率する場面と教員のみが打合せ等に出席する場面が考えられますが、勤務時間の内外を問わず、学校の管理下にある活動であれば公務として取り扱うべきです（公務遂行性）。

　教員は学校文化の中でこれまで様々な無償労働や自身の持ち出しに慣れてしまっているため、このような請求ができるかどうかについては無頓着ですし、どこまでが公務災害の範囲かという問題にも無頓着ですが、職務の遂行に係る費用やリスクは、当然に学校側が負担すべきではないでしょうか。

❷　部活動中の生徒の体調不良等の対応と経費負担

　部活動中には様々な事故や生徒の体調不良等が発生しますが、学校における安全配慮義務は生徒の生命及び身体の安全に配慮すべき義務と考えられますから、部活動中の事故の発生を未然に防止すべき事前的な義務のみならず、部活動中の生徒の体調が悪くなった場合には、その程度に応じて病院に連れていく義務も包含されると考えます。したがって、本件のように部活動中に生徒の体調が悪くなったときに顧

間の判断で自分の車で病院に連れて行った場合にも、学校設置者が負う安全配慮義務を顧問が果たしたとも言い得る行動ですから、出張費としてガソリン代を請求できると考えられます。

　なお、昨今では教員の生徒に対するわいせつ行為などの不祥事の問題が大きく取り上げられていることを受けて、教員が生徒を自身の自動車に乗せたり、SNSで連絡先を交換することを禁じ、それを守れなければ戒告などの懲戒を課す教育委員会が現れてきています。しかし、設例のように生徒の安全の確保を最優先すべき場合には、このような禁止事項がその安全の確保を阻害しないか懸念されますし、禁止事項に反する行為とそれに伴う処分は、比例原則の観点からもバランスを欠き、行き過ぎていると言わざるを得ません。教育委員会は学校に部活動の実施を委ね、教員に部活動顧問を担当させている以上、児童生徒への安全配慮義務を負っている立場に鑑みて、一律に禁止するのではなく、柔軟に判断する姿勢が重要です。

※　文部科学省「資料 5　教員の職務について」〈https://www.mext.go.jp/b_menu/shingi/chukyo/chukyo 3 /041/siryo/attach/1417145.htm〉（2022年10月 5 日確認）。

第3章

教育現場の様々な
ワークルール

27 教員の懲戒処分（教員同士の交際）

Q. 学校内で教員同士の交際が生徒間で噂になり、保護者からも否定的な意見が出されました。教員に交際をやめさせたり、交際を理由に懲戒処分を行ったりすることはできるでしょうか。

A. 教員の交際が同性間であれ異性間であれ、校長が交際をやめるよう職務命令を出すことはできず、もちろん交際を理由として処分権者から懲戒処分を行うこともできません。

1 職務命令とその適法性の判断基準

　公立学校の教員は地方公務員であり、その関係は地方公務員法などの法令や条例等によって規律されています。これに対して私立学校の教員は労働者であり、その関係は使用者との間の労働契約などによって規律されています。

　地方公務員法は、「職員は、その職務を遂行するに当って、法令、条例、地方公共団体の規則及び地方公共団体の機関の定める規程に従い、且つ、上司の職務上の命令に忠実に従わなければならない。」（同法32条）と定め、労働者についても労働契約に基づき「一定の範囲での労働力の処分に関する使用者の指示、命令としての業務命令に従う義務がある」[1]とされています。

　職務遂行についての指示（公務員の場合には「職務命令」、公務員以外の労働者の場合には「業務命令」と呼ぶことが多いが、以下では「職務命令」に統一。）は、無限定に認められれば公務員や労働者の自由を過剰に制約することとなります。適法な職務命令の要件は、①職務上の上司が発したものであること、②職務遂行に必要かつ合理的な範囲内であること、③法令等に違反しないこと、の三つであると整理することができ

ます。このうち、②について、私生活上の行為であっても職務遂行に関係がある場合には職務命令の対象になり得ることには注意が必要です。また、学校や教員との関係では、①について、学校教育法37条4項が「校長は、校務をつかさどり、所属職員を監督する。」と定めており、校長が職務上の上司に当たると解されていること、③について、教育基本法16条1項が教育への「不当な支配」を禁止していることが重要です。なお、ひとたび適法又は有効[2]な職務命令が行われたにもかかわらず、これに従わなかった場合には、公立学校の教員も私立学校の教員も懲戒処分の対象となる可能性があります。

❷　本件における交際禁止の職務命令の可否

　校長は教員の職務上の上司に当たりますので、上記①の要件は満たされます。しかし、教員同士が交際をしていても、通常は教員としての職務遂行に影響が出るとは考えられませんので、上記②の要件は満たされません。また、他人との交際は、個人の内心や人格の発展、自律といった重要な自由や権利であり、これを禁止するような職務命令は憲法13条や労働契約法3条1項ないし3項の趣旨に反しており、職務命令に関する権限の逸脱又は濫用に当たると考えられます[3]。

　したがって、教員同士の交際を禁止する職務命令を適法に出す余地はなく、当然ながら交際そのものを理由として懲戒処分を行う余地など全くありません。また、服務規程や就業規則に交際を禁止する規定を設けることも、同様に違法であり無効であると解されます。

　例外的に教員間の交際がもつれ、ストーカー行為やセクシャルハラスメント行為が発生している場合には、これらの行為がストーカー規制法に違反することや男女雇用機会均等法11条1項がセクハラについて雇用管理上必要な措置を講じるべきことを定めていることから、これらの行為をやめるよう職務命令を出すことができ、場合によっては

これらの行為を理由として懲戒処分を行うことができると解されます。

❸ そのほかに本件で留意すべきこと

　教員同士の交際が事実であっても、交際の有無は教員としての身分や職務遂行能力に影響を与えませんし、交際というのは他者に知られたくない流動的で機微な情報です。したがって、校長などの管理職が、交際の噂のある教員に対し、交際の事実の有無や内容を確認する必要性はなく、むしろ関知すべき事項ではないといえます。

　教員同士の交際は、生徒や保護者の耳目を集める話題であり、教員が児童、生徒から交際の有無や内容の質問を受けたり、保護者が学校に苦情を述べたりする可能性があります。しかしながら、職務遂行能力には何ら関係がないのですから、学校としては交際の事実の有無に言及することなく、保護者に対しては苦情の対象となる事項ではないとして対応し、児童、生徒に対しては教員の私生活に関する質問は慎むよう指導を行うべきでしょう。地方公共団体や学校法人、校長などの管理職は教員に対して安全配慮義務、職場環境保持義務を負っており、その中には教員が児童、生徒や保護者から私生活上の事項や性的事項について執拗に問われることを防止する義務も含まれると解されるためです。

1　最判昭和61年３月13日集民147号237頁。

2　私立学校では違法な職務命令に従う義務はないが、公立学校では違法な職務命令であっても、重大かつ明白な違法でない限り、職務命令は有効であり、公務員である教員にはこれに従う義務がある点には注意が必要である。

3　教員の交際相手が児童、生徒である場合には別段の考慮が必要である。教員は職務として児童、生徒に接しているのであり、職務遂行とも密接に関連していること、交際が教員の自由、権利であるとしても、教員の児童、生徒に対する立場の優位性、児童、生徒が精神的に未成熟であることなどを踏まえると、児童、生徒の健全な発達への悪影響を避けるため、交際禁止の職務命令を行うことも適法だと考えられるからである。

28 教員の懲戒処分（教員の服装）

Q. 保護者から教員に対して、「スウェット姿で授業をするのは
おかしい、教師としてふさわしくない」というクレームが入った
ことを受けて、その教員に服装を変えさせたり、服装を変えない
ことを理由に懲戒処分を行ったりすることはできるでしょうか。

A. 校長から服装を変えることを命じることができ、命令に従わ
ない場合には処分権者から懲戒処分を行うことも考えられますが、
重い処分を行うことは難しいでしょう。

❶ 本件における服装変更の職務命令の可否

　校長は教員の職務上の上司に当たります。また、どのような服装を
するのかは教員の自由や権利であるとしても、職務遂行に必要な範囲
内での制約であれば、憲法13条や労働契約法 3 条との関係でも違法と
はいえず、結局のところ、服装に関する命令が職務遂行に必要かつ合
理的な範囲内であるのかどうかが主たる検討課題となります。

　教員の服装が問題となった裁判例には、女子用の赤いネクタイを巻
いた麦わら帽子をかぶって、下駄履きで登校し、朝礼時にもその姿で
列席するなどした教員についてのもの[1]、ネクタイを着用しないなど
した教員についてのもの[2]などがあります。

　教員がどのような服装で職務を遂行すべきなのかは、教員がどのよ
うな職業でどのような職務範囲を持つと考えるのかとも密接に関係し
ますが、現在の日本の法令を前提にすれば、教員は児童生徒の模範と
なって指導やしつけの一部を担う立場なので、やはり教員自身もきち
んとした服装で職務を遂行すべきでしょう。

　そうすると本件において、校長がスウェットを着ての授業は教員と

して不適切であると判断し、服装を変えるよう求めたとしても、職務遂行に必要な範囲内であり法令等にも違反せず、服装変更の職務命令を適法に行うことができると考えられます。

❷　懲戒処分の根拠と統制

　公立学校の教員は地方公務員であり、地方公務員法の定める事由がなければ懲戒処分を受けることはありません（同法27条3項）。そして懲戒処分の事由としては、①地方公務員法等に違反した場合、②職務上の義務に違反し、又は職務を怠った場合、③全体の奉仕者たるにふさわしくない非行のあった場合、の三つの事由が挙げられています（同法29条1項1号ないし3号）。判例は、「公務員に対する懲戒処分について、懲戒権者は、諸般の事情を考慮して、懲戒処分をするか否か、また、懲戒処分をする場合にいかなる処分を選択するかを決定する裁量権を有して」いるとしています[3]。これに対して、私立学校の教員は労働者であり、懲戒権の根拠については見解が分かれていますが、「懲戒の事由と手段を就業規則に明定して労働契約の規範とすることによってのみ懲戒処分をなしうるし、また就業規則上のそれらの定めは限定列挙と解すべき」[4]とされています。また、労働契約法が、懲戒処分について、「客観的に合理的な理由を欠き、社会通念上相当であると認められない場合」には権利の濫用として無効である（同法15条）と定めているので、形式的に懲戒事由に該当しても、同条によって懲戒処分が無効となることがあります。

　公立学校と私立学校のいずれにおいても、処分根拠や統制の在り方の違いはあるものの懲戒の根拠規定や理由があることを前提に、処分権者が様々な事情を考慮して懲戒処分を行うかどうかや処分の重さを決め、ただし裁量権の逸脱や濫用があった場合には違法になり得ます。

❸　教員の懲戒処分の基準と本件における懲戒処分

　多くの地方公共団体では教員に対する懲戒処分の基準を作成して公表しています[5]。学校法人でも、地方公共団体の基準も参考に就業規則として同様の基準を作成している例が多くあります。こうした基準の作成は類似の事案について懲戒処分の重さを統一して不公平な事態が生じることを防止するために望ましいといえますが、基準はあくまでも目安であって、個別の事案の事情によっては基準と異なる処分を行うべきこともあるという点には注意が必要です。職務命令違反に対する懲戒処分[6]の基準としては、戒告か減給としている例が多く、職務命令違反を理由に懲戒処分を行うとしても、違反が度重なっているような場合でなければ戒告より重い処分は難しいでしょう。

　本件では、まず服装変更の職務命令を将来紛争になることに備えて書面で明確に行い、職務命令違反が何度か繰り返された時点で戒告の懲戒処分を検討し、さらに戒告の懲戒処分が何度か積み重なった場合には減給の処分を検討するといった段階的な対応を行うべきでしょう。

1　「義務教育を担当する学校職員は生徒に対し、初歩的なしつけ・規律を守るよう指導すべき立場にあり、従って教場その他直接生徒の指導にあたる場所においては、先づ教員自らが異様・奇抜な服装を控え、節度ある服装をするよう求められるのは教育上の条理、社会通念に照らして当然」（東京高判昭和51年1月29日判タ342号199頁）と判示する。

2　「中学、高校の教師がネクタイを着用せず授業等を行なうことが、乱れた服装であるという社会通念はない。わが国の夏季のように高温と湿気に悩まされるところで、冷房装置なくしてネクタイの着用を強制することは無理なことである。」（東京地判昭和46年7月19日判タ266号210頁）と判示する。

3　最判令和2年7月6日裁判所ウェブサイト。

4　菅野和夫『労働法』（弘文堂、第12版、2019）700頁、702頁。

5　文部科学省初等中等教育局財務課「都道府県・政令指定都市の懲戒処分等の基準」〈https://www.mext.go.jp/a_menu/shotou/jinji/1411986_00001.htm〉（2022年10月5日確認）。

6　公立学校の場合、職務命令違反は地方公務員法32条違反であり、同法29条1項1号、同項2号の懲戒事由となる。私立学校の場合、就業規則に懲戒事由の規定が必要であり「上司の業務上の命令に反したとき」といった事由があればこれに当てはめ、なければ「社内の秩序を乱したとき」といった事由に当てはめられるかどうかを検討することになる。

㉙ 教員の懲戒処分（思想信条）

Q. 卒業式などの式典において国歌を歌わない方針である教員に対して、保護者からクレームが入ったことを受けて、その教員に国歌を歌うように命じたり、歌わないことを理由に懲戒処分を行ったりすることはできるでしょうか。

A. 校長から国歌を歌うことを命じることができ、命令に従わない場合には処分権者から懲戒処分を行うこともできますが、重い処分を行うことは難しいでしょう。

❶ 国歌斉唱等の職務命令の問題点

　校長は教員の職務上の上司に当たり、式典での国歌斉唱等の命令は職務遂行に必要な範囲内でもあります。しかし、教員が国歌を歌わない方針を取る背景には、教員の国歌である「君が代」に対する認識や信念が存在するかもしれません。そうすると、国歌を歌うように命じる職務命令は、憲法19条や26条、労働契約法3条、教育基本法16条1項に違反するのではないかという問題が生じます。

❷ 国歌斉唱等の職務命令の適法性

　式典での国歌斉唱時の起立、斉唱、ピアノ伴奏等に関する最高裁判決の状況は次のとおりです。

　まず、入学式の国歌斉唱の際にピアノ伴奏を行うよう命じた事案において、教員の「君が代」に対する考えについて、「『君が代』が過去の我が国において果たした役割に係わる上告人自身の歴史観ないし世界観及びこれに由来する社会生活上の信念等ということができる。」としたものの、ピアノ伴奏を拒否することが一般的には歴史観ないし

世界観と不可分に結び付くものではなく、職務命令が、「直ちに上告人の有する上記の歴史観ないし世界観それ自体を否定するものと認めることはできない」こと、音楽専科の教員がピアノ伴奏を行うことは、教員が「特定の思想を有するということを外部に表明する行為であると評価することは困難」であり、職務命令に従ってピアノ伴奏が行われる場合には、そのような評価が一層困難であることを指摘し、職務命令が教員に対して、「特定の思想を持つことを強制したり、あるいはこれを禁止したりするものではなく、特定の思想の有無について告白することを強要するものでもなく、児童に対して一方的な思想や理念を教え込むことを強制するものとみることもできない。」としています。さらには、当時の学校教育法18条2号や学習指導要領の規定にも触れ、職務命令がその目的及び内容において不合理であるいうこともできないとしています。そして、「職務命令は、上告人の思想及び良心の自由を侵すものとして憲法19条に反するとはいえない」と結論付けています[1]。

　続いて、国歌斉唱時の起立及び斉唱を命じた事案においても、ほぼ同じ理由によって、職務命令は憲法19条に反しないとしています[2]。なお、これらの判決を含む一連の最高裁判決は、いずれも公立学校に関するものでしたが、憲法26条違反の主張を上告理由として扱っておらず、教育基本法16条1項違反の主張について上告を受理したこともありません。

　現在までの判決からすれば、公立学校の教員に国歌の伴奏や斉唱を命じたとしても、憲法19条や26条、教育基本法16条1項に違反しません。また、これまでに私立学校に関して国歌をめぐる判決はないものの、公立学校の教員以上に私立学校の教員に対して、思想及び信条の自由が保護されると考える法的根拠はなく、私立学校でも職務命令が労働契約法3条やその他の法令等に違反すると解することは困難であ

ると思われます。

　以上からすれば、本件においても、校長は、式典において国歌を歌うことを命じる職務命令を適法に行うことができます。

❸　国歌斉唱等の職務命令違反に対する懲戒処分

　国歌斉唱等の職務命令を適法に行うことができるとして、職務命令に違反した教員に対して、どのような懲戒処分を行うことができるのかが問題となります。

　最高裁は、教員が式典における国歌斉唱の際に起立しなかった事案において、不起立行為について、重要な学校行事である式典での教員による職務違反行為であり、式典の秩序や雰囲気を一定程度損ない生徒への影響も伴うとしつつも、不起立行為が教員の歴史観や世界観等に起因していることや、積極的な妨害等ではなく物理的に式次第の遂行を妨げるものでもなく、影響を客観的に評価することが困難であるとしています。そして、不起立行為に対する懲戒として減給以上の処分を行うには、事案の性質等を踏まえた慎重な考慮が必要であり、さらに停職処分を行うには、その教員に対する影響が大きいことや、式典のたびに懲戒処分が累積して、短期間で反覆継続的に不利益が拡大すること等から、過去の処分歴等に鑑み「学校の規律や秩序の保持等の必要性と処分による不利益の内容との権衡の観点から当該処分を選択することの相当性を基礎付ける具体的な事情が認められる場合であることを要する」としています。また「過去の1、2年度に数回の卒業式等における不起立行為による懲戒処分の処分歴」のみでは「直ちにその相当性を基礎付けるには足り」ないとまで述べています[3]。

　地方公共団体の懲戒処分の基準では、職務命令違反に対しては戒告か減給とした上で、過去に懲戒処分を受けたにもかかわらず同種の非違行為を行った場合には、処分を加重すると定めている例が多いです

が、上記の最高裁判決を踏まえれば、積極的な妨害を伴わない単純な不起立、不斉唱行為であれば、一度のみで減給以上の処分を行うことは難しく、複数回繰り返していても停職以上の処分を行うことは難しいと考えられます。

　本件で、教員が国歌を歌うよう命じた職務命令に違反した場合であっても、積極的な妨害行為を伴わず、過去に同種の懲戒処分を受けたことがなければ、戒告の処分のみを行うことができます。

1　最判平成19年 2 月27日民集61巻 1 号291頁。
2　最判平成23年 5 月30日民集65巻 4 号1780頁ほか。
3　最判平成24年 1 月16日集民239号 1 頁。

㉚ 新型コロナウイルス休校中の保護者対応

Q. 新型コロナウイルスによる在宅勤務中に保護者対応を命じられた場合、従わなければならないでしょうか。また、私用の電話で対応した場合は、電話代を学校に請求できるでしょうか。

A. 在宅勤務中であっても、校長等の指示に従い学校の業務に従事している労働時間内に、業務として保護者対応が必要である場合には、指示に従う必要があります。電話代の請求については、勤務先の学校で定められた在宅勤務等の規則や実施要領があれば、規定に定められた処理を行うこととなります。ただ、保護者対応において、私用電話を使用することで起き得る問題もあるため、在宅勤務時の連絡方法については、検討が必要となります。

❶ 在宅勤務等の実施（規則、要領）

2020年（令和2年）4月6日に文部科学省から各都道府県教育委員会教育長及び各指定都市教育委員会教育長に宛てて、「新型コロナウイルス感染症の大規模な感染拡大防止に向けた職場における対応について」の通知が出されました[1]。当該通知の中では、大規模な感染拡大防止等に向けた対策として、在宅勤務などのテレワーク（以下「在宅勤務等」）を活用することが挙げられています。これを受け、これまでは実施していなかった在宅勤務等の対応を始めた学校もあるのではないでしょうか。

在宅勤務等における規則・実施要領においては、企業同様、下記のような点について定めていくこととなります[2]。

・目的　　　・在宅勤務等の対象者

- 在宅勤務等のできる場所　　　・実施に当たっての申請方法
- 労働時間の明示　　　・始業・終業に関する事項
- 情報セキュリティに関する事項　　　・給与・交通費の取扱い
- 在宅勤務に関わる経費等の取扱い　　　・連絡体制
- その他必要な事項

❷　在宅勤務中の保護者対応

　原則として、在宅勤務中も労働時間内ですから、業務指示に従う必要があります。したがって、指示された保護者対応が、明らかに業務と関係のない内容といった場合でなければ、在宅勤務中であることのみをもって拒否することは難しいでしょう。

　ただ、その対応方法については、事案の緊急性や重要性に鑑みできるだけふさわしい方法で実施することが望まれます。例えば、電話での対応は、相手方との直接のやり取りができ、緊急性の高い連絡には有効である一方、聞き間違いや後にクレームなどになった場合に言った、言わない、といった形での問題になる可能性があります。そのため、聞き間違いや連絡ミスがあっては困る重要な情報については、ホームページ上での情報掲示やメール、学校指定のSNS、アプリなどの連絡ツールを利用し、後から確認できる方法で対応していくことも一案といえます。

❸　通信料の取扱い

　在宅勤務等の実施に当たり、インターネット接続料金や光熱費といった、経費の取扱いについて定められている場合には、規定に従った対応を行うこととなります。

　私用電話を利用し対応しなければならなかった場合についての電話代についても、各学校における在宅勤務における規則や実施要領に

従った取扱いがなされることとなりますので、自己負担の範囲についての確認を行うことが重要となります。

　ただ、保護者への連絡に私用電話を利用した場合、保護者に私用電話の番号が伝わってしまうことで、勤務時間外に保護者から私用電話への連絡がくるようになってしまう可能性等もあり、私用電話等を業務連絡用に利用することはあまり好ましくはありません。管理職などに業務用電話を貸与する、電話連絡が必要な場合には、学校に出勤している職員が対応する、といった方法を検討することが必要となると考えられます。

1　文部科学省「新型コロナウイルス感染症の大規模な感染拡大防止に向けた職場における対応について（通知）」2 初初企第 1 号令和 2 年 4 月 6 日〈https://www.mext.go.jp/content/20200407-mxt_kouhou01-000004520_4.pdf〉（2022年10月 5 日確認）。
2　一般社団法人日本テレワーク協会「テレワークに関わる勤務規則例」〈https://japan-telework.or.jp/suguwakaru/tw_rule/〉（2022年10月 5 日確認）参照。

31 業務上のSNSの利用

Q. 教員が校長の許可なく生徒との事務連絡にSNSを利用している場合、その教員に事務連絡でのSNSの利用をやめさせることはできるでしょうか。

A. 校長などの管理職は、教員に対して生徒との事務連絡にSNSを利用することを全面的にやめさせることができます。SNSの利用を認めたうえで方法を制限することもできますが、制限により利点の一部も失われてしまうことになります。

❶ SNSの利用の利点と問題点

　現在では、SNS[1]を利用する生徒の割合は従来型の電子メールを利用する生徒よりも高いと考えられますので、教員がSNSを用いることで、生徒との事務連絡の効率を上げることができ、放課後や休日といった生徒が登校していない時間帯にも連絡を取ることができることも大きな利点です。また、言語による伝達や書類の配布と異なり、連絡が文字として残り、スマートフォンの端末がある限り、いつでも連絡内容を確認できることから、生徒や生徒を通じた保護者への連絡も容易になるということも利点として挙げることができます。

　他方で、地方公共団体や学校法人がこれらのSNSのアカウントを個々の教員のために作成し、生徒とのSNSによる連絡用の専用端末を配布してくれることは考え難いところです。そうすると教員の私物であるスマートフォンやタブレット端末を用いて、教員が作成したSNSのアカウントを用いる必要があり、個人機器の職務使用（いわゆるBYOD[2]）が発生することとなります。従来型の電子メールの場合には、生徒との連絡に際し、CCに管理職のメールアドレスを入れることで

やり取りが可視化され、地方公共団体や学校法人の管理するメールサーバーを用いることで情報を公的に管理することも可能でしたが、SNSではやり取りの可視化や情報の公的な管理が困難になっています。そのため生徒との事務連絡においてSNSを利用することは、従来型の電子メールを利用する場合以上に、教員による端末の紛失に伴う情報漏洩が発生したり、教員と生徒との私的交際の発端となったりするという問題点があります。また、教員の個人端末を用いることにより、勤務時間外に生徒から相談を受けたり、生徒間での不適切なやり取りを目撃し対応を行わざるを得なくなったりすることで、勤務時間管理との関係でも問題が生じてしまうことが考えられます。

❷　本件でのSNSの利用の全面禁止の可否

　教員の職務遂行の方法については、公立学校の場合には地方公共団体、私立学校の場合には学校法人が、必要な範囲内で規則を定めることができ、教員は規則が明らかに不合理なものでない限り、これに従わなければなりません。

　教員が生徒との事務連絡にSNSを利用することには、上記のとおり利点があるものの、見過ごせない問題点もあることからすれば、これらを考慮して規則において全面禁止としたり、規則では校長の許可制としたうえで校長が許可をしないことや、規則がない場合に校長が全面禁止を命じたりすることも、明らかに不合理であるとはいえず、適法に行うことができると考えられます。ただし、全面禁止が可能なのはあくまでも職務におけるSNSの利用のみであり、教員が私生活においてSNSを用いることを全面禁止できるわけではないことには注意が必要です。

　以上のとおり、本件において、校長が生徒との事務連絡にSNSを用いることをやめさせても、違法ではなく法律上の問題は生じません。

❸　本件でのSNSの利用方法の制限の可否

　もっとも、地方公共団体や学校法人、校長の判断として、教員に対し、生徒との事務連絡にSNSを用いることを許可することも可能ですし、許可したうえで利用方法に条件を付けて制限を行うということも可能です。

　例えば、地方公共団体や学校法人が作成したアカウントを設定した専用端末により、学校内でのみ生徒とのSNSでの連絡を認め、端末の教員の自宅への持ち帰りを認めないとの条件を付けることは、最も厳格な管理の例として挙げることができます。仮に教員の私物の端末やアカウントを用いるとしても、内容のログやスクリーンショットを定期的に提出させたり、紛失に備え生体認証又は一定の文字数以上のパスワードの設定や遠隔消去可能な設定を義務付けたりすること、勤務時間外についてはSNSの通知を切っておきやり取りの内容も確認しないこととして、これを生徒にも周知しておくということも考えられます。これらの制限を行うことにより、情報の公的管理、教員の勤務時間管理に関する問題をかなりの程度、解消することができます。

　もっとも専用端末やアカウントの配布となれば、予算面やSNSの利用規約との関係は考えておかなければなりません。また、生徒との事務連絡にSNSを用いる大きな利点は、部活動や行事などの連絡を夜間や休日であっても簡易に行うことができるという点にありますので、勤務時間外の連絡を禁止してまで、教員が職務においてSNSを使う意味があるのかという観点からの検討も必要になるでしょう。

1　2022年9月の時点で、教員から生徒への連絡に用いる可能性のあるSNSは、Twitter、LINE、Instagramだと思われるので、本設問ではSNSとしてこれらのサービスを念頭に解説する。

2　Bring Your Own Deviceの略であり、従業員個人のスマートフォン、タブレットなどの機器を業務の場に持ち込み利用することをいう。

㉜ 勤務時間中のSNSの利用

Q. 教員が勤務時間中に生徒も知っているSNSに「残業がきつい」「毎日3時間睡眠だ」等を書き込んだところ、保護者からクレームが入りました。どのように対応すべきでしょうか。

A. 教員に対し、私用でのSNSの利用を勤務時間中に行うことはやめさせるべきです。勤務時間中でない場合は、この程度の内容であればSNSに書き込むことをやめさせることはできませんが、不適切な内容にならないよう注意喚起を行うことは考えられます。

❶ 職務専念義務とSNSの利用

公立学校の教員は地方公務員として、「その勤務時間及び職務上の注意力のすべてをその職務遂行のために用い、当該地方公共団体がなすべき責を有する職務にのみ従事しなければならない」（地方公務員法35条）とされています。これに対して私立学校の教員は労働者として労働契約上、勤務時間中は職務に専念して従事すべきとされています。このように、公立学校であっても私立学校であっても教員には勤務時間中に職務に専念すべき義務が課されていることになります。

本件での「残業がきつい」といったSNSへの書き込みは、教員の職務遂行には該当せず、私用でのSNSの利用と考えざるを得ませんので、職務専念義務に違反し許されません。したがって、校長などの管理職は、教員に対し、このような勤務時間中の私用でのSNSへの書き込みをやめさせることができ、またやめさせる必要があります。

❷ 信用失墜行為の禁止とSNSの利用

公立学校の教員は、「その職の信用を傷つけ、又は職員の職全体の

不名誉となるような行為をしてはならない。」（地方公務員法33条）とされており、私立学校の教員も、労働契約上の義務として、使用者の信用を失わせることがないようにすべき義務が課されています。

　信用失墜行為が禁止されるのは、職務に対する信頼が損なわれることを防止するためです。したがって、職務に関して公正や中立を害し又はこれを害すると疑われる行為はもちろんのこと、公務員や労働者の私生活上の行為であったとしても、その内容や職務への信頼に与える影響によっては信用失墜行為に当たり得ることには注意が必要です。

　本件での書き込みの内容は、「残業がきつい」「毎日3時間睡眠だ」などといったものであり、教員がその勤務時間や自身の私生活に対して感想を述べるものであると考えられます。教員としての職務と全く無関係な書き込みであるとはいえませんが、職務の公正や中立を害する行為ではありません。また、勤務する学校や地方公共団体、学校法人に対する名誉棄損や誹謗中傷であるとも評価できず、犯罪や社会通念上不相当な内容の書き込みであるともいえません。

　以上のことから考えると、本件のような内容を教員がSNSに書き込んだとしても、あえて虚偽の内容を記載して学校の評価を傷つけたような場合でなければ、その職務に対する信頼が失われるものではなく、信用失墜行為には当たらないと考えられます。したがって、教員が勤務時間外に本件のような内容をSNSに書き込んだとしても、管理職がこれをやめさせることはできません。この結論は、教員が実名で生徒も知っているSNSのアカウントで書き込みを行っていても変わるものではありません。保護者から書き込みに対してクレームがあったとしても、書き込みをやめさせる根拠がなく対応できないことを説明するほかありません。

❸　そのほかに本件で留意するべきこと

本件でのSNSへの書き込みは信用失墜行為には当たらないと考えられますが、例えば、「こんな環境でまともに授業などできるはずはない。」や「睡眠不足で授業中に居眠りをした。」などと書き込んだ場合には、それが事実であっても事実ではなくても、教員が不十分な授業を行っていたり、職務に専念していなかったりすると受け取られてしまい、職務に対する信頼が損なわれたとして、信用失墜行為に当たる可能性があります。

そのような観点から、校長などの管理職から今後、不適切な書き込みがなされないよう注意喚起をすることは考えられます。もっとも、その場合でも、SNSへの書き込みそのものや問題のない書き込みまで委縮させないよう、教員の私的生活領域に対する干渉とならないような方法で注意喚起しなければなりません。

33 オンライン授業と肖像権

Q. 校長からオンライン授業を実施するように命じられた場合、肖像権を理由に拒否することはできるでしょうか。また、インターネットに授業動画が流出した場合に、校長に法的責任を追及できるでしょうか。

A. オンライン授業の方法としては、リアルタイムで配信を行うもの（遠隔合同授業及びスタジオ型）と授業をあらかじめ録画して学生・生徒に配信するもの（オンデマンド型）があります。特に後者の場合には、コピー等も容易であり、意図しない拡散や流出等の可能性もあることから、肖像権を理由に、「顔出し」を行うことを拒否することも可能と考えられます。また、インターネット上に授業動画が流出した場合には、当該動画の掲載者に対し、損害賠償請求や削除請求を行うことができます。掲載者が校長の指示を受けた者等ではない場合で、授業動画の流出に当たって、校長に管理上の問題や過失があったようなときは、その点について学校の設置者もしくは管理者に対し損害賠償請求を行うことも可能と考えられます。

1 肖像権

肖像権とは、自己の肖像（容貌・姿態）をみだりに利用されない権利をいいます。肖像権は法律上に明記されている権利ではありませんが、通説[1]によれば、肖像権は憲法13条の幸福追求権のうち人格権の一環と考えられており、各個人にその処分が委ねられています[2]。

オンライン授業の実施という業務命令があった場合にはその実施自体については、肖像権の問題ではないため、自身の肖像権を理由に拒

否することは難しいと考えられます。ただ、オンライン授業における教職員の容貌や姿態を撮影することの必要性という観点から考えると、授業内容に応じて、図面、スライド、映像等の利用といった工夫を行うことで、授業の実施に問題がなく、場合によってはより学生・生徒の理解を進めることのできる方法も考えられますので、教職員の容ほうや姿態を撮影することの必要性がそこまで高いとはいえないのではないでしょうか。

　以上から、オンライン授業上の「顔出し」について肖像権を理由に拒否[3]することは可能ではないかと考えられます。

❷　動画が流出した際の対応について

　インターネット上に授業動画が流出した場合、当該動画に掲載されている本人（教職員だけでなく、学生・生徒等も含みます。）は、当該動画の掲載者に対して、肖像権の侵害を理由とした不法行為（民法709条）に基づいた損害賠償の請求を行うことができます。また、インターネット上に掲載された状態が続いているような場合には、当該動画の削除の請求を行うことも考えられます。これらの請求はあくまで、「掲載された本人」から「掲載者」に対する対応となります。

　肖像権の侵害が、不法行為法上違法となり、損害賠償請求が認められるか否かの判断に当たっては、撮影された者の社会的地位、撮影された活動内容や撮影場所、撮影の目的、撮影の必要性等を総合的に判断し、撮影された者の人格的利益の侵害が、社会生活上の受任の限度を超えるかといったことを総合的に考慮[4]することになります。動画の流出があった場合には、どういった者が何の目的で動画を掲載しているのか、を考慮し、当該行為が不法行為になるかを検討することとなります。

　また、校長に当該動画の流出につながるような管理上の過失等が

あったような場合には、校長の過失等について不法行為と捉え、公立学校の場合には、学校設置者となる自治体に対し国家賠償請求を、私立学校については校長等管理者に対し損害賠償請求を行うことが考えられます[5]。

❸　オンライン授業の実施に当たって

　現在のネット社会においては、一度写真や映像がオンライン上に流れた場合には、意図しない拡散等が行われる可能性も否めません。リアルタイムでの配信において出席確認の意味合い等から動画撮影の必要がある場合には、教職員だけではなく、学生・生徒の肖像権についても配慮を行い、録音録画等の禁止・ネット上での無断掲載の禁止等について前もって伝えることも大切になるのではないでしょうか[6]。

1　芦部信喜著=高橋和之補訂『憲法』（岩波書店、第7版、2019）122頁。
2　裁判例においても「みだりに自己の容ぼう等を撮影されないということについて法律上保護されるべき人格的利益」（最判平成17年11月10日民集59巻9号2428頁）、「人の氏名、肖像等……は、個人の人格の象徴であるから、当該個人は、人格権に由来するものとして、これをみだりに利用されない権利」（最判平成24年2月2日民集66巻2号89頁）として、自己の容ぼう等に関する権利があることが認められている。
3　「顔出しの拒否」の態様については、（1）授業中に映った顔にモザイクをかける形と、（2）スライドや板書だけ映し、もとから顔が映らないようにする形、が考えられるところ、ここでは、あくまで（2）の方法を「顔出し拒否」の態様として考える。
4　最判平成17年11月10日・前掲注2）参照。
5　公立学校の場合、国家賠償法が適用される場面となるため、校長個人に対する損害賠償請求を行うことはできず、学校設置者である自治体等に対する請求を行うことになる。
6　氏名や個人の識別できる情報（顔画像や声等含む）を取り扱う場合には、個人情報保護法も問題になり得る。

㉞ ALT（英語実習助手）の労働関係

Q. ALT（英語実習助手）に英語の授業を担当してもらいたいのですが、労働契約上でどのような点に注意しなければならないでしょうか。また、英語教員を付けずにALT単独で授業を担当させることはできるでしょうか。

A. ALTと締結している契約によってALTの身分や業務内容が異なります。中でも業務委託契約に基づくALTは校長の指揮監督を受けないため、学校教育法が規定する校長による校務の掌理に反する可能性があります。また、ALTは一般的に英語教員免許を持っていないため、単独で授業を担当させることはできません。

❶ ALTの労働契約形態

ALT（英語実習助手）は、日本の学校における英語教育で「生きた英語」を学習するために英語を母語とする人材が主に担当しています。ALTの労働契約形態は法的には「直接雇用（任用）」「労働者派遣」「業務委託（請負）」「その他（ボランティアなど）」の4形態があります。

このうち、「直接雇用（任用）」の中心的な形態は、「語学指導等を行う外国青年招致事業（The Japan Exchange and Teaching Programme）」（以下「JET」）と呼ばれる文部科学省の招致事業によって来日し、自治体が設置する公立学校に直接任用されたり、学校法人が設置する私立学校に直接雇用されるALTです[1]。また、「労働者派遣」「業務委託」によるALTは民間企業のALT派遣業者に雇用され、各学校で勤務しています。「その他（ボランティア）」は、留学生や日本人で英語が堪能な地域人材等が、ボランティアとしてALTを担当する場合などが一般的です。

　文部科学省の調査では、令和3年度の公立学校のALTは、JETによる直接任用が24.2%、それ以外の直接任用が18.1%、労働者派遣契約が26.9%、請負契約が5.9%、その他が24.9%となっています[2]。

❷　業務委託契約によるALTの問題点

　学校によってはALTを業務委託契約に基づいて導入している例がありますが、法的には請負又は準委任と評価されます。しかし、業務委託によるALTは法的に問題があります。

　業務委託の場合、ALTに対して校長は指揮監督をすることができないため、英語の授業を担当していても、ALTは法的には校長の指揮監督を受けていないことになります。しかし、学校教育法は「校長は、校務をつかさどり、所属職員を監督する」（学校教育法37条4項）と規定していることから、業務委託契約に基づくALTは学校教育法に反する可能性があります。もし、業務委託であるにもかかわらず、校長がALTを指揮監督している実態があれば、いわゆる「偽装請負」として、労働者派遣法等に反するおそれがあります。そのため、文部科学省は業務委託によるALTを推奨していません[3]。

❸　直接任用のALTの問題点

　JETなどで自治体に直接任用されるALTの法的地位は、単年度の任用による「会計年度任用職員」になります。会計年度任用職員のALTに関する問題点は、公務員には労働契約法が適用されないため（労働契約法21条1項）、有期雇用労働者が5年を超えて雇用される場合の無期転換ルール（労働契約法18条1項）が適用されない点です。このため、5年を超えて直接任用されているALTであっても、単年度の任用が継続され、長期間にわたって不安定な地位に置かれます。

　一方、国私立学校で直接雇用されるALTには労働契約法が適用さ

れるため、無期転換ルールにより5年を超えて直接雇用されるALTは無期雇用のALTとして雇用が継続されることになります。

　なお、公立学校で直接任用されているALTは給特法が適用されないため、時間外労働をさせた場合は残業代を支払うことになります。

❹　労働者派遣のALTの問題点

　労働者派遣に基づくALTは派遣元である民間派遣業者の就業規則が適用されるため、派遣先の公立学校の服務規程や国私立学校の就業規則は適用されません。そのため、勤務時間は他の教職員と異なる可能性があり、残業代の対象となる時間も異なる可能性があります。また、派遣先の自治体や学校法人はALTに対して懲戒処分をすることができません。そのため、労働者派遣に基づくALTに非違行為があった場合は、派遣元である民間派遣業者に対して懲戒処分を求めたり、損害賠償を請求することになります。

　なお、労働者派遣に基づくALTは公立学校で勤務していても公務災害の対象にならず、派遣元の民間派遣業者で加入する労災保険の対象になります。

1　一般財団法人自治体国際化協会「任用団体マニュアル　語学指導等を行う外国青年招致事業　2019年度」を参照。〈http://jetprogramme.org/wp-content/MAIN-PAGE/forcos/ninyouforms/manual/2019%E5%B9%B4%E5%BA%A6%E4%BB%BB%E7%94%A8%E5%9B%A3%E4%BD%93%E3%83%9E%E3%83%8B%E3%83%A5%E3%82%A2%E3%83%AB-11.pdf〉（2022年10月5日確認）。
2　文部科学省「令和3年度『英語教育実施状況調査』概要」〈https://www.mext.go.jp/content/20220516-mxt_kyoiku01-000022559_2.pdf〉（2022年10月5日確認）。
3　文部科学省「外国語指導助手の契約形態について（通知）」（16初国教第121号）。

35 有期雇用教員の契約更新

Q. 有期雇用教員の契約を更新する際にはどのような点に注意すればよいでしょうか。また、いつでも雇止めをすることはできるでしょうか。

A. 契約更新の際には、教員の意思確認、学校側の意思決定、法令に則った労働条件の明示等の手続を経ることが必要です。また、期間の定めが形骸化しており実質的に無期雇用と同視できる状況にある場合や、教員の雇用継続への期待が合理的と認められる場合には、解雇事由に準じた事由がない限り、雇止めができなくなることがあります。なお、地方公共団体が設置する公立学校の教員には労働契約法が適用されず、任用期間満了により当然に退職します。

❶ 有期雇用教員の契約更新の際の注意点

　有期労働契約は雇用期間満了により終了するので、何の手続も取らなければ、当該教員は退職となります。雇用期間満了後も勤務を継続してもらうためには、改めて労働契約を締結する必要があります。

　一般に、雇用期間満了後に改めて有期労働契約を締結することを、労働契約の更新と呼んでいます。呼び方は異なっても、新しい労働契約の締結なので、新たに雇い入れる場合に準じた手続をとる必要があります。教員本人の意思確認は当然として、学校側では、本人の能力・勤務成績や、担当業務の状況、生徒募集の状況等を考慮して、契約更新の意思決定をする必要があります。また、労働基準法15条1項及び労働基準法施行規則5条に基づいて、書面等による労働条件の明示を行わなければなりません。雇用期間と役職のみを記載した辞令の

交付で済ませる例がありますが、法令に則した運用とはいえません。

　なお、労働基準法15条１項及び労働基準法施行規則５条は、公務員にも適用されます。地方公共団体が設置する公立学校の教員についても、任用時には書面等による労働条件の明示が必要です。

❷　有期雇用教員の雇止めの注意点

　雇止めとは、教員からの契約更新の希望を、学校側が拒否することをいいます。上記のとおり、有期労働契約は雇用期間満了によって終了するので、退職の際に、解雇のように使用者の意思表示がされることはありません。また、労働契約で予定されていた雇用期間満了による退職なので、解雇とは異なり、客観的に合理的な理由や社会的相当性は要求されないことが原則になるはずです。

　しかし、この原則を貫くと、有期雇用労働者にとって酷な結果を招くことがあります。判例は、早い時期から、一定の場合には雇止めに解雇権濫用法理を類推適用することを認め、有期雇用労働者の保護を図ってきました[1]。雇止めに関する判例法理は、平成24年の労働契約法改正で明文化され、現在に至っています（労働契約法19条）。

　労働契約法19条は、雇止めのうち、①有期労働契約が反復更新されており、実質的に期間の定めのない労働契約と同視できる場合（実質無期型。同条１号）、②契約更新に対する労働者の期待が合理的と認められる場合（合理的期待型。同条２号）には、客観的に合理的な理由があり、社会通念上相当だと認められない限り、有期労働契約が更新されたものとみなす旨を定めています。ただし、合理的期待型の場合には、雇止めの有効性は、無期労働契約における解雇よりも緩やかに判断されています[2]。実質無期型にも合理的期待型にも当たらない場合は、原則どおり、雇用期間満了によって有期労働契約は終了します。この場合には、客観的に合理的な理由や、社会通念上相当であること

は要求されず、その教員は当然に退職となります（当然終了型）。

　実質無期型に当たる例は稀ですが、契約更新の際に、本人の意思確認を明確に行っていない、学校側の意思決定の手続が履践されていない、書面による労働条件明示が行われていないなどの事情があると、実質無期型に該当する可能性があります。

　訴訟等で学校側敗訴事案がよく見られるのは、合理的期待型です。契約更新への期待が合理的か否かは、担当する業務の内容（恒常的・基幹的な業務か、一時的・補助的な業務か）、有期労働契約の更新回数・勤続年数、他の有期雇用労働者の契約更新の状況、雇用継続を期待させるような使用者側の言動の有無などの諸事情を総合考慮して判断します。最近では、契約更新回数や雇用期間の上限を就業規則や契約書に記載しておき、採用時に労働条件として明示する運用がよく見られます。このような場合、多くの裁判例は、上限を超えた契約更新への期待は合理的とは認められないとしています[3]。

　雇止めについては、労働契約法19条のほかに、厚生労働省が策定した雇止め基準告示に注意する必要があります[4]。この告示では、有期労働契約を3回以上更新し、又は雇入れの日から起算して1年を超えて継続勤務している者について、契約を更新しない場合には、雇用期間満了の30日前までに予告をすること、更新しない理由についての証明書を請求されたときは遅滞なく証明書を交付すべきことなどを定めています。告示自体に法的拘束力はありませんが、これらの手続を怠ると、労働契約法19条の適用に際して使用者に不利に考慮されることがあります。

❸　公立学校教員と労働契約法の適用

　労働契約法は、公務員には適用されません（労働契約法21条）。したがって、地方公共団体が設置する公立学校において、期間を定めて任

用された教員は、任用期間満了によって当然に退職することとなります。筆者が知る限りでは、任用期間満了によって退職した公務員について、雇止めに関する判例法理や労働契約法19条を適用した裁判例はありません。ただし、任命権者が、任用予定期間満了後も任用を続けることを確約ないし保障するなど、任用継続を期待させる行為をしたような特別の事情がある場合には、誤った期待を抱かせたことによって生じた損害につき、国家賠償法に基づく賠償を認める余地があるとされています[5]。

1　最判昭和49年7月22日民集28巻5号927頁（東芝柳町工場事件）、最判昭和61年12月4日判時1221号134頁（日立メディコ事件）。

2　大阪高判平成22年2月12日労判1062号71頁（報徳学園事件）。

3　札幌高判平成26年2月20日労判1099号78頁（北海道大学事件）、高知地判平成30年3月6日労経速2348号3頁（高知県公立大学法人事件）等。

4　「有期労働契約の締結、更新及び雇止めに関する基準」（厚生労働省告示第357号）。

5　最判平成6年7月14日判時1519号118頁（大阪大学図書館事務補佐員事件）。

㊱ 有期雇用教員の無期転換と無期雇用教員の法的地位

Q. 有期雇用教員を無期雇用に転換する際にはどのような点に注意すればよいでしょうか。また、無期雇用教員の立場は、専任教員とどのような違いがあるでしょうか。

A. 漫然と契約を更新して意図せず無期雇用への転換が生じることがないようにすることと、無期転換後の労働条件を整備しておくことが重要です。また、有期雇用の教員が無期雇用に転換しても、専任教員と同じ労働条件が適用されるのではなく、従前と同一の労働条件で勤務を継続することが原則です。

❶ 有期雇用教員の無期転換

　有期雇用の教員の無期雇用への転換は、労働契約法18条に定められています。複雑な内容ですが、おおまかに説明すると、次のようなルールです（労働契約法は公務員には適用されないため、地方公共団体が設置する公立学校の教員は、このルールの対象外です。）。

①有期雇用の教員が、少なくとも1回は有期労働契約を更新しており、②通算契約期間が5年を超えた場合に、③その教員が無期労働契約への転換を申し込むと、④その有期労働契約の満了日の翌日から、従前と同一の労働条件で、無期労働契約が開始する。

※ただし、有期労働契約を締結していない期間（空白期間）が6か月以上あると、通算契約期間は0年にリセットされます（クーリング）。

❷ 無期転換の留意点

　労働契約法18条による無期雇用への転換に関する留意点は、次のと

おりです。

　まず、通算契約期間は、職種や勤務場所に関係なくカウントされます。例えば、アルバイト職員として1年、非常勤講師として3年、常勤講師として2年勤務した場合、通算契約期間は6年となります。通算契約期間は学校ごとではなく法人ごとにカウントするので、複数の学校を設置している学校法人等では、有期雇用教員の契約を一元管理しておかないと、通算契約期間を正確に把握することができません。

　次に、教員から申込みがあった時点で無期労働契約が成立するため、学校の設置者は、無期労働契約での雇用を拒むことはできません。有期雇用教員の契約を漫然と更新していると、学校側が意図しない無期転換が生じ、人事計画に支障を生じることがあります。有期契約で教員を採用する際に、長期雇用を予定していないのであれば、採用時に契約更新回数や通算契約期間の上限を明示しておくべきでしょう。

　派遣会社と労働者派遣契約を締結して教員の派遣を受けることがありますが、派遣労働者と労働契約を締結しているのは派遣会社であり、学校の設置者ではありません。したがって、実質的に直接雇用と見るべき特殊な事情がない限り、派遣労働者として何年勤務しても、学校設置者との間で無期労働契約が成立することはありません。

　最後に、大学の教員の任期等に関する法律に基づいて採用された任期付教員や、大学等で勤務する研究者等については、特別法で、無期転換に必要な通算契約期間が10年超になることや、大学在学中の有期労働契約の期間は通算契約期間に算入しないことなどの例外が定められています[1]。特に国公立大学では、この例外規定を利用して、通算契約期間10年以内で任期付教員を採用しているところが多いようです。

❸　無期転換を回避する手段の適法性

　一部の学校で、有期雇用教員の無期転換を避けるために、通算契約

期間が５年に達した時点で雇止めにして、半年又は１年の間、業務委託契約等で従前と同じ業務に従事させるという、クーリング期間を用いた脱法的な運用が見られます。このような運用では、この半年又は１年間の契約は実質的に有期労働契約だと判断される可能性があり、不要な労使紛争の契機となります。５年を超えるほどの長期間勤務してもらう必要があれば、脱法的な手段に頼るのではなく、端的に無期労働契約を締結すべきでしょう。

　なお、最近の裁判例で現れた論点として、労働契約法18条に基づく無期転換を避ける目的で、通算契約期間が５年を超える直前に雇止めをすることが違法ではないか、というものがあります。今のところ、裁判例では、労働契約法18条１項を脱法する目的が明確に認められるような場合を除き、通算契約期間が５年を超える直前という理由では、雇止めを違法とはしていません[2]。

❹　無期転換後の無期雇用教員の法的地位

　無期労働契約に転換した場合でも、労働条件は、無期転換前と同じであることが原則です。専任教員になるわけではなく、常勤講師であれば常勤講師のまま、非常勤講師であれば非常勤講師のままで、契約期間満了による退職がなくなるということです。無期転換後の労働条件を就業規則等に定める場合には、基本的な労働条件に変更はないこと、専任教員と同様に定年退職すること、非常勤講師の担当科目は年度・学期によって変動することなどを定めておくことが適切です[3]。

1　大学の教員等の任期に関する法律７条、科学技術・イノベーション創出の活性化に関する法律15条の２。

2　広島高判平成31年４月18日労判1204号５頁（梅光学院事件）、大阪地判令和元年11月28日労判1220号46頁（近畿大学事件）。

3　平成24年８月10日付基発0810第２号（最終改正：平成30年12月28日付基発1228第17号）。

③⑦ 同一労働同一賃金

Q. 教員間で「同一労働同一賃金」は適用しなければならないでしょうか。担任を持っている人、多忙な部活動顧問をしている人などは、賃金で差を設けるべきでしょうか。また、非常勤講師に賞与を与えないことはできるでしょうか。

A. 現在の法律では、「同一労働同一賃金」という一般的な原則は採用されていません。ただし、有期雇用の教員や短時間勤務の教員の待遇が、専任教員と比較して不合理と認められる場合には、是正する必要があります。また、業務の内容、責任の程度、人材活用の仕組みが、専任教員と実質的に同一の場合には、同一の賃金体系を適用することが求められます。なお、地方公共団体が設置する公立学校の教員には、これらの法規制は適用されません。

❶ 「同一労働同一賃金」の意味

　本来、同一労働同一賃金とは、同一の業務に従事している労働者には同一の賃金体系を適用し、労働の量に応じて賃金を決めるという考え方です。働き方改革の一環として議論されているのは、同一の業務でなくても、同じ価値の労働には同じ賃金を支払うべきというものなので、同一価値労働・同一賃金と呼ぶことが正確でしょう。

　我が国の労使慣行では、必ずしも、労働の価値に着目して賃金を決定してきませんでした。年齢、勤続年数、学歴を中心に、職務の内容、能力、勤務成績などを加味して賃金を決定する、年功型の賃金体系が主流です。民間企業では、成果主義や能力主義の賃金体系も増えてきましたが、国公私立の学校では、現在でも年功型の賃金体系が色濃く残っています。

❷ 同一労働同一賃金を定める法制度について

　さて、働き方改革推進法によって、2020年4月1日から同一労働同一賃金の法規制が始まったとされていますが、実際の法規制は、同一労働同一賃金とは似て非なるものです。まず、パート有期法8条を見てみましょう。

（不合理な待遇の禁止）

第8条　事業主は、その雇用する短時間・有期雇用労働者の基本給、賞与その他の待遇のそれぞれについて、当該待遇に対応する通常の労働者の待遇との間において、当該短時間・有期雇用労働者及び通常の労働者の業務の内容及び当該業務に伴う責任の程度（以下「職務の内容」という。）、当該職務の内容及び配置の変更の範囲その他の事情のうち、当該待遇の性質及び当該待遇を行う目的に照らして適切と認められるものを考慮して、不合理と認められる相違を設けてはならない。

　同条の対象は全ての短時間・有期雇用労働者であり、通常の労働者と同一の労働をしている者に限られません。また、不合理な待遇の相違を禁止するだけであり、同一の賃金を支払うことは要求していません。つまり、現在の法律は、正規雇用の労働者と非正規雇用の労働者の待遇の相違は許容しつつ、不合理と認められるほどの格差は是正する、という枠組みを採用しているということです。

　実は、不合理な待遇の相違に関する規定は、2013年4月1日施行の旧労働契約法20条で導入されたものです。同条によって、有期雇用の労働者について不合理な労働条件の相違が禁止され、2015年4月1日施行の旧パート法8条によって、短時間労働者も対象に加わりました。働き方改革推進法により、有期雇用労働者と短時間労働者の条文が一本化され、上記のパート有期法8条になりました。

　不合理な労働条件相違の禁止については、2018年6月1日の最高裁判決で、諸手当の不支給の不合理性の判断基準が示されました（ハマキョウレックス事件）[1]。最高裁の判断枠組みは、①その手当を支給する趣旨・目的は何かを検討し、②その趣旨・目的が正社員と有期雇用労働者に共通のものかを検討し、③趣旨・目的が共通であれば、有期雇用労働者にだけ当該手当を不支給とすることは不合理である、というものです。諸手当の不支給が不合理と判断された場合には、差額相当額の損害賠償が命じられます。その後、2020年10月13日には、賞与と退職金の不支給について、不合理な労働条件の相違とは認められないとした最高裁判決が現れています（大阪医科大学事件、メトロコマース事件）[2]。

❸　学校における同一労働同一賃金

　特に小・中・高等学校では、常勤講師等の有期雇用の教員も、クラス担任等の職務を受け持つことがあります。もし、専任教員にだけ担任手当を支給し、有期雇用の教員には支給していないとしたら、不合理な労働条件の相違と認められる可能性があります。担任手当は、クラス担任の負担に配慮した手当であるところ、クラス担任を受け持つことによる負担は、専任・常勤等の職種によって異ならないためです。

　これに対し、非常勤講師に賞与を不支給とすることは、必ずしも不合理な労働条件の相違とは言い切れません。パート有期法8条の条文に則して検討すると、授業のみ担当する非常勤講師は、業務の内容、責任の程度、人材活用の仕組みその他の事情が専任教員とは大きく異なります。私立大学の事案ですが、裁判例でも、非常勤講師と専任教員の待遇の相違は不合理とは認められないとされています[3]。

　なお、短時間・有期雇用労働者の業務の内容、責任の程度、人材活用の仕組みが通常の労働者と実質的に同一の場合には、パート有期法

9条が適用されます。同条は、このような短時間・有期雇用労働者について差別的取扱いをしてはならないとして、同一の賃金体系を適用することを求めています。もともと、同条の対象は短時間労働者だけだったため適用事例はほとんどなかったのですが、働き方改革推進法によって有期雇用労働者も対象に加わりました。同条に関する裁判例はまだないのですが、今後、事例が蓄積されていくと思われます。

❹ 公立学校教員に対する同一労働同一賃金

　以上のように、同一労働同一賃金のルールは労働契約法及びパート有期法の改正により適用されるものですが、公務員にはこれらの法律は適用されません（労働契約法21条、パート有期法29条）。したがって、公務員である地方公共団体が設置する公立学校教員には上記のルールは適用されず、例えば公立の小・中・高等学校の正規採用の教員と会計年度任用職員（いわゆる非常勤公務員）である教員の待遇に相違があっても、パート有期法8条又は9条違反として違法になることはありません。

1　最判平成30年6月1日民集72巻2号88頁。
2　最判令和2年10月13日民集74巻7号1901頁。
3　大阪高判令和2年1月31日労経速2431号35頁、東京高判令和2年6月24日労経速2429号17頁。

㊳ パワハラ相談への対応

Q. ある教員から「校長からパワハラを受けている」という相談が教育委員会にありました。どのように対応すればよいでしょうか。また、事実関係を確認するに当たって注意すべき点はありますか。

A. まずは、相談窓口の担当者が、相談内容・事実関係等を丁寧に聞き取ります。その上で、相談者の意向を確認しつつ、必要に応じて相談窓口・人事部門・専門の委員会等が行為者や第三者から状況を聞き取り、事実関係を確認していきます。事実関係を確認する際には、５Ｗ１Ｈ等を正確に確認していく必要があります。その上で、各供述が客観的事実と整合するかを確認していきます。いずれの場面においても、各当事者のプライバシーについては十分な配慮が必要です。事実関係を確認した後は、内容・状況等に応じて、相談者・行為者・職場に対して、適切な措置を講じていく必要があります。

❶ パワハラ相談に対応するための体制等の整備

　事業主には、パワハラに関する労働者からの相談に応じ、適切に対応するために必要な体制の整備その他の雇用管理上必要な措置を講じる義務があります（労働施策総合推進法30条の２第１項）。そのため、事業主は、相談窓口を設置し、労働者に周知する必要があります。また、相談窓口の担当者が、相談に適切に対応できるように、例えば、①状況等に応じて相談窓口の担当者と人事部門とが連携を図る仕組みとしておくこと、②対応の際の留意点などを記載したマニュアルをあらかじめ作成して対応すること、③相談対応についての研修等を行う必要

があります。なお、周知の際には、プライバシー保護のために必要な措置を講じていることや、相談等を理由として解雇等の不利益な取扱いをされないことも併せて周知する必要があります。

　パワハラの相談窓口や発生後の対応については、公立学校においては各自治体が定めています。例えば、東京都は、「都立学校におけるパワー・ハラスメントの防止に関する要綱」（令和2年5月29日2教人職第423号）において、相談窓口は「学校経営支援センター」（5条）とし、また、相談等を受けた場合、「局窓口は……事実関係を明らかにするため、速やかに必要な調査を行わなければならない。」（12条1項）と規定しています。もっとも、現時点では、具体的な相談対応マニュアルまでは公開されていません。

❷　パワハラ発生後の対応①（窓口対応）

　相談対応においては、相談者が萎縮により相談を躊躇する例もあることも踏まえ、相談者の心身の状況や当該言動が行われた際の受け止めなどその認識にも配慮しながら、パワハラが現実に生じている場合だけでなく、発生のおそれがある場合や、パワハラに該当するか微妙な場合であっても、広く相談に対応する必要があります。

　最初の窓口対応の際には、例えば、以下のような対応モデルが考えられます。まず、センシティブな内容であることが多いため、原則として対応は個室で行います。また、安心して相談してもらうため、冒頭に、相談により不利益な取扱いを受けないことや、プライバシーが守られることを伝えます。その上で、相談対応全体の流れや制度を説明します。相談の際には、十分な聞き取りの実施やトラブル防止の観点から、原則として2名で対応します。その際、少なくとも1名は相談者と同性に、セクハラ事案も絡む場合は2名とも相談者と同性にした方が好ましいです。相談内容を正確に把握するためには、例えば、

いつ・どこで・誰から（相談者との関係性等）・どのような状況や具体的言動等があったか・他の同席者や目撃者の有無・他にも同様の被害を受けている人の有無・想定される背景等を整理して聞き取っていきます。また、メール、写真、SNSでのやり取りなどの物的証拠があれば、写しなどを提出してもらうことで、その後の事実確認が容易になりますので、客観的な証拠の収集を意識しておく必要があります。

　また、相談者の求めている最終目的の確認も重要です。相談を聞く際には、相談者から予断や偏見をもって対応されたと誤解されないように、できる限り受容的に聞き、信頼関係構築に努めつつ、原則として、その場で（肯定・否定ともに）評価・結論を下さないようにします。加えて、緊急対応の必要性も確認し、万が一、相談者から自殺を暗示する等の言動があった場合には、医療専門家等に速やかに相談してください。

❸　パワハラ発生後の対応②（事実関係の確認）

　相談者からの聞き取りの結果、事実確認が必要な事案であった場合には、相談窓口の担当者、人事部門又は専門の委員会等が、行為者からも事実関係を聞き取り確認していきます。相談をした事実が行為者に知れることとなるので、行為者から聞き取りを行うことは、事前に相談者から了承を得ておくべきです。

　聞き取りに当たっては中立的立場から聞き取る必要があります。相談者と行為者の意見が一致しない場合には、第三者からも聞き取りを行います。その上で、各関係者の発言が客観的事実と矛盾していないか確認していきます。行為者・第三者に聞き取りを行うに当たっては、必要に応じて事前に相談者の意向を確認しつつ、調査方法・範囲・聞き取り対象に伝える内容を決めていきます。行為者・第三者からの聞き取りにおいても、メール等の物的証拠の有無を確認し、必要に応じ

て提出してもらうとよいでしょう。プライバシー保護（性的指向・性自認や病歴、不妊治療等の機微な個人情報を含む）には十分配慮し、行為者・第三者にもあらかじめ秘密厳守を求めておきます。当然のことですが、記録の保管には十分注意してください。

　特に第三者からの聞き取りの際には、事業主からの聞き取りで事実を述べたことを理由に不利益な取扱いを受けることはない旨を説明しておくことが適切です（労働施策総合推進法30条の2第2項）。

❹　パワハラ発生後の対応③（パワハラが確認できた場合等における措置）

　パワハラが確認できた場合、被害者に対する配慮のための適正な措置を速やかに行う必要があります。具体的には、まずは、被害者に調査の結果（確認できた状況・今回事案の問題点・再発防止のための方法・組織としての考え等）を伝えます。その上で、被害者の意思も確認しつつ、事案の内容や状況等に応じて、被害者と行為者の間の関係改善に向けての援助・被害者と行為者を引き離すための配置転換・行為者の謝罪・被害者の労働条件上の不利益の回復・管理監督者又は事業場内産業保健スタッフ等による被害者のメンタルヘルス不調への相談対応等の措置を行います。

　また、行為者に対しても、必要に応じて、注意・指導・就業規則等に基づいた懲戒・被害者と行為者の間の関係改善に向けての援助・被害者と行為者を引き離すための配置転換・行為者の謝罪・メンタルケア・研修等の措置を行います。

　その上で、職場に対して再発防止・職場環境改善のための措置も行います。この点、パワハラがあったとは認定できない場合であっても、行為者や職場環境に一定の問題があったと考えられる場合には、必要に応じて注意・指導や職場環境の改善（コミュニケーションの強化・長時

間労働対策・無理なノルマを課さない・不寛容な雰囲気の改善等）のための措置をとる必要があります。

　なお、労働者が相談や協力したこと、その他都道府県労働局に対して相談、紛争解決の援助を求めたこと、調停の申請を行ったこと等を理由として、解雇その他不利益な取扱いをすることは許されません（労働施策総合推進法30条の２第２項、30条の５第２項及び30条の６第２項）。

㊴ 教員に対するマタハラ

Q. 産休に入る担任教員に対して、保護者から「中途半端な時期に産休に入るなんて、子どもたちが不安定になる」というクレームが入った場合に、どのように対応すべきでしょうか。

A. 法律上、使用者には、6週間以内に出産予定の女性が休業を請求した場合には就業させてはならないこと、原則として産後8週間は就業させてはならないこと、産前産後休業を取得したことを理由に不利益な取扱いを行ってはならないこと等が規定されています。学校は、産休に入る担当教員に対して、産休の時期を遅らせるような指示等を行ってはいけません。保護者に対して、引継ぎなど子どもへの手当をしっかりと行うことを説明しつつ、法律の内容を理解してもらう必要があります。

❶ 妊娠した労働者への対応・産前産後休業・育児休業に関する基礎的事項

　事業主は、妊産婦（妊娠中及び産後1年を経過しない女性）が保健指導又は健康診査を受けるために必要な時間を確保しなければならず（男女雇用機会均等法12条）、これに基づく指導事項を守れるように必要な措置を講じなければなりません（男女雇用機会均等法13条1項）。妊産婦が請求した場合、時間外・休日労働、深夜業をさせることはできず、変形労働時間制等のもとでも、1日8時間・週40時間を超えて労働させることはできません（労働基準法66条）。

　産前産後休業については、産前6週間（多胎妊娠の場合は14週間）の女性は、休業をすることができます。また、原則として産後8週間は休業となります（労働基準法65条）。

　1歳未満の子を育てる女性労働者は、休憩時間のほかに、1日2回各30分の育児時間を請求できます（労働基準法67条）。

　育児休業については、2歳未満の子を養育する労働者は、男女を問わず、育児・介護休業法5条〜9条の7の定めに従って、育児休業を取得することができます。このほか、同法では、子の看護休暇、時間外労働の免除、深夜業の制限、短時間勤務など、育児に関する制度を定めています。

❷　マタハラとは

　事業主は労働者に対し、妊娠・出産・産前産後休業・育児休業等を理由とする解雇その他不利益な取扱いをすることはできません（男女雇用機会均等法9条3項、同施行規則2条の2、育児・介護休業法10条等）。不利益な取扱いとは、解雇・降格・減給・不利益な配置変更等だけでなく、仕事をさせないなどの就業環境を害する行為を含みます。この点、妊娠等を「契機として」不利益な取扱いを行った場合、原則として、妊娠等を理由として不利益な取扱いがなされたものと解され[1]、違法です。

　一方、「マタニティ・ハラスメント（以下「マタハラ」）」という言葉は法律上の用語ではありませんが、厚生労働省の指針[2]を参考にすると、①事業主が行う、妊娠・出産に関する制度の利用に関する言動により就業環境が害されるもの（制度等の利用への嫌がらせ型）、②上司・同僚等による、妊娠又は出産に関する言動により就業環境が害されるもの（状態への嫌がらせ型）に分けられます。

　①については、制度の利用を理由とした解雇その他不利益な取扱いの示唆のほか、上司が制度利用の請求をしないように言ったり、請求を取り下げるように言うこと、又は、同僚が上記と同様のことを繰り返し又は継続的にいうこと、さらに、制度を利用したことにより、繰

り返し又は継続的に嫌がらせ的な言動をしたり、業務に従事させなかったり、専ら雑務に従事させること等が典型例です。②については、妊娠・出産等を理由に解雇その他不利益な取扱いを示唆することや、繰り返し又は継続的に嫌がらせをすること等が典型例です。

　男女雇用機会均等法及び育児・介護休業法の改正により、2017年1月1日から、事業主には防止措置、例えば、ハラスメントに対する方針の明確化と周知・啓発、相談窓口の設置と適切な対応、事後の迅速・適切な対応等の措置が義務付けられています（男女雇用機会均等法11条の3、育児・介護休業法25条）。

❸　設例について

　学校は、上記1で記載した産休等に関する法令上の義務に違反してはなりません。また、教員に対して、上記2に記載したように、産休・育休等を利用したことについて不利益な取扱いをしてはならず、上司・同僚が、不利益な取扱いを示唆する等、教員が自主的に産休・育休を利用しないように仕向けてもいけません。保護者からクレームが入った場合には、保護者に対して、産休・育休等の利用に関する上記の法の内容を説明する等、理解を求める必要があります。その際、併せて、子どもが不安にならないよう十分な引継ぎを行う旨等を説明することが望ましいです。万が一、保護者が教員に圧力等をかけるように求める等納得をしない場合、当該保護者からのクレームは拒絶する必要があります。

1　最判平成26年10月23日民集68巻8号1270頁。
2　厚生労働省「事業主が職場における妊娠、出産等に関する言動に起因する問題に関して雇用管理上講ずべき措置等についての指針」（平成28年厚生労働省告示第312号）。指針では、妊娠と出産を対象としているが、育児に関するハラスメントもマタハラとして議論することが一般的である。

④⓪ 教員の過労死と労災

Q. 教員が死亡した際に、過労死として認定されるのはどのような場合でしょうか。

A. 長時間労働や学校事故対応などにより、業務が過重となったために脳・心臓疾患を発症した場合には、過労死として認定されることがあります。実際の認定の際には、発症前1か月ないし6か月間の時間外労働時間数、業務において生じた精神的負荷のかかる出来事の有無など、労働災害ないし公務災害であることを裏付ける事情だけでなく、基礎疾患の有無や業務外の出来事なども考慮して、過労死か否かが判断されます。

❶ 教員の過労死で労災等が認定される要件

　過重な労働等によって教員が死亡した場合、業務上又は公務上の死亡として、労働災害又は公務災害（以下、まとめて「労災等」）の認定を受けることがあります。法律用語ではないですが、一般に「過労死」と呼ばれるものです。過労死は、脳梗塞などの脳血管疾患、心筋梗塞などの心疾患によって生じることが多いとされています。なお、これらの疾病ではなく、教員の自死について労災等の認定がされることがあります（教員の過労自殺については、**Q41**を参照）。

　厚生労働省が作成した「血管病変等を著しく増悪させる業務による脳血管疾患及び虚血性心疾患等の認定基準」[1]によると、次の①～③の業務による明らかな過重負荷を受けたことにより発症した脳・心臓疾患は、労災に該当する疾病として取り扱うこととされています。

　①　発症前の長期間にわたって、著しい疲労の蓄積をもたらす特に過重な業務に就労したこと。（長期間の過重業務）

② 発症に近接した時期において、特に過重な業務に就労したこと。
（短期間の過重業務）

③ 発症直前から前日までの間において、発生状態を時間的及び場所的に明確にし得る異常な出来事に遭遇したこと。（異常な出来事）

このうち、異常な出来事の例として、重大な人身事故に直接関与するなどの精神的負荷、救助活動や事故処理に携わるなどの身体的負荷、極めて暑熱な屋外作業などの作業環境の変化が挙げられます[2]。短期間の過重業務とは、発症前おおむね1週間の、日常業務に比較して特に過重な身体的・精神的負荷を生じさせる業務をいいます。長期間の過重業務とは、発症前おおむね6か月間の過重な業務をいい、時間外労働の量が重視されています。具体的には、発症前1か月間におおむね100時間又は発症前2か月ないし6か月間にわたって1か月当たりおおむね80時間を超える時間外労働が認められる場合は、業務と発症との関連性が強いと評価できるとされており、この「100時間」「80時間超」は、過労死基準と呼ばれることがあります。当然ながら、時間外労働が「100時間」「80時間超」に達しない場合でも労災等の認定がされる可能性はあり、認定基準においても、1か月当たりおおむね45時間を超えて時間外労働時間が長くなるほど、業務と発症との関連性が徐々に強まると評価できることが指摘されています。

❷ 死亡した教員に基礎疾患が存在する場合

脳・心臓疾患が業務以外の原因によって発症した場合は、労災等の対象にはなりません。当該教員が基礎疾患を有していた場合等に問題となりますが、業務による明らかな過重負荷によって自然経過を超えて著しく重篤な状態に至ったと認められる場合には、業務と発症との関連が認められるとされています。

公務災害の認定を争う裁判例においても、基礎疾患を有する教員が

死亡した事案で、地裁判決と高裁判決の判断が分かれたことがあります。宇治市立西小倉小学校事件[3]は、脳血管疾患の発症前140日間で542時間余りの時間外労働（1週当たり27時間余り）をしていた事案ですが、第一審判決では、当該教員の既往症の「もやもや病」の自然経過によるものであるとして、公務外認定処分の取消請求が棄却されています。高裁判決は、発症前の労働時間、学級崩壊等による精神的負荷等を詳細に認定し、公務に基づく疾病に起因して死亡したとして、公務外認定処分を取り消しました。

❸　労災等の認定と損害賠償請求の違い

　なお、労災等の認定に際しては、使用者の故意又は過失は要求されません。この点は、安全配慮義務違反を理由に使用者に対して損害賠償請求をする場合とは異なります。公務起因性を肯定するためには、使用者の災害発生に対する予見可能性が必要だという枠組みを否定した事案に、京都市立下鴨中学校事件[4]があります。

1　令和3年9月14日付基発0914第1号。
2　厚生労働省=都道府県労働局=労働基準監督署「脳・心臓疾患の労災認定」〈https://www.mhlw.go.jp/new-info/kobetu/roudou/gyousei/rousai/dl/040325-11.pdf〉（2022年10月6日確認）参照。
3　大阪高判平成16年9月16日労判885号57頁。
4　大阪高判平成5年2月24日労判626号67頁。

41 教員の精神疾患と労災

Q. 教員がうつ病などの精神疾患で休業や労災が認められるのは
どのような場合でしょうか。また、**教員の自死が過労自殺として
労災に認定されるのはどのような場合でしょうか。**

A. 精神疾患による労災は、当該疾病を発病していること、当該
疾病の発病前おおむね6か月の間に、業務による強い心理的負
荷が認められること、業務以外の心理的負荷及び個体側要因によ
り当該疾病を発病したとは認められないことがいずれも認められ
るときに認定されます。公務災害の場合は、対象疾病発症前のお
おむね6か月の間に、業務により強度の精神的又は肉体的負荷
を受けたこと、業務以外の負荷及び個体側要因により対象疾病を
発症したとは認められないことがいずれも認められるときに認定
されます。

❶ 教員の精神疾患と労災（公務災害）

　私立学校の教員の労災は、労働者災害補償保険法に基づき補償され
ます。他方、公立学校の教員は地方公務員ですので、教員が公務に起
因してうつ病などの精神疾患を発症した場合は、公務災害として地方
公務員災害補償法に基づき補償されます。

　精神疾患の場合の労災については、「心理的負荷による精神障害の
認定基準について」[1]が出されており、①対象疾病を発病しているこ
と、②対象疾病の発病前おおむね6か月の間に、業務による強い心理
的負荷が認められること、③業務以外の心理的負荷及び個体側要因に
より対象疾病を発病したとは認められないこと、のいずれもが満たさ
れることが認定要件となっています。

同様に、公務災害については、「精神疾患等の公務災害の認定について」に認定要件や考え方が示されており[2]、①対象疾病発症前のおおむね6か月の間に、業務により強度の精神的又は肉体的負荷を受けたこと、②業務以外の負荷及び個体側要因により対象疾病を発症したとは認められないこと、のいずれもが満たされることが認定要件とされており、①の「業務により強度の精神的又は肉体的負荷を受けたこと」とは、人の生命にかかわる事故への遭遇又はその他の強度の精神的又は肉体的負荷を与える事象に伴う業務に従事したことをいうとされています。

❷　精神疾患と業務起因性

　一般に、精神疾患の発病の原因については「ストレス－脆弱性理論」[3]に依拠しています。公務災害の場合を例にみますと、業務と傷病等の間に相当因果関係があることが必要とされていますが[4]、ストレスに対する個の反応は一様ではありませんので、公務災害（労災）の認定に当たっては、当該精神疾患が業務に起因した結果と認められるのか（業務起因性）という点が問題になりやすいと言えます[5]。そして、業務と傷病等の間の相当因果関係は、公務災害が危険法理の原則に基づくものであることに鑑みて、公務に内在又は随伴する危険が現実化したものと認められる場合に認められると解されていますので[6]、個々の事案において、危険性の現実化についての具体的な検討をすることとなります。

　例えば、公立学校の教員の自死をめぐり、公務外認定処分の取消しを求めた裁判例では[7]、公務（業務）に起因するうつ病発症かが問題となりました。この事案では、精神疾患の発症時期を医師の所見等に基づいて認定した上で、うつ病発症までの間の、学級運営、校務分掌、研修や研究の準備、担任しているクラスでの出来事、労働時間、職場

の支援等を詳細に検討して、これらの出来事は全体として業務による強度の精神的又は肉体的負荷を与える事象といえると判断し、その反面、他に起因してうつ病を発症したとは認められないとして、公務（業務）起因性を認めています。

❸ 教員の自死と労災（公務災害）

　精神疾患が業務に起因するものと認められても、自死の場合は、更に自死との因果関係が問題となります。具体的には、労災の場合は、業務により精神疾患を発病したと認められる者が自殺を図った場合には、精神疾患によって正常の認識、行為選択能力が著しく阻害され、あるいは自殺行為を思いとどまる精神的抑制力が著しく阻害されている状態に陥ったものと推定して業務起因性を認めていますし[8]、公務災害の場合も同様に、業務と精神疾患との間に相当因果関係が認められ、かつ、当該精神疾患と自殺との間に相当因果関係が認められるときに、自殺についての公務起因性を認めるとしています[9]。

　ところで、過重な業務内容や所定勤務時間外の業務時間超過等に起因して教員が自死した場合には、学校長は安全配慮義務（業務の遂行に伴う疲労や心理的負荷等が過度に蓄積して労働者の心身の健康を損なうことがないよう注意する義務）に違反したものと認められ、設置主体である自治体は損害賠償責任を負うことがあります[10]。各教員の置かれている状況や経験年数、物事についての感じ方もそれぞれ異なりますので、各人の精神的負荷の程度を正確に把握することは困難ですが、例えば、客観的に表れる労働時間や日頃の発言態様を把握し、誰かが独りで抱え込むことのないようチーム学校として対応に当たることが重要ではないかと考えます。

1　厚生労働省平成23年12月26日基発1226第１号。なお、令和２年５月29日「心理的負荷評価表」に「パワーハラスメント」の出来事が追加された。
2　地方公務員災害補償基金平成24年３月16日地基補第61号。
3　環境由来の心理的負荷（ストレス）と、個体側の反応性、脆弱性との関係で精神的破綻が生じるかどうかが決まり、心理的負荷が非常に強ければ、個体側の脆弱性が小さくても精神的破綻が起こるし、脆弱性が大きければ、心理的負荷が小さくても破綻が生ずるとする理論（平成23年12月26日・前掲注１）別添第３）。
4　最判昭和51年11月12日集民119号189頁参照。
5　公務災害の認定においては、その公務と傷病等との間に相当因果関係があることが必要である（最判昭和51年11月12日・前掲注４）参照）。
6　最判平成８年１月23日集民178号83頁、最判平成８年３月５日集民178号621頁参照。
7　東京地判平成28年２月29日労判1140号49頁、東京高判平成29年２月23日労判1158号59頁。
8　平成23年12月26日・前掲注１）別添第8・1。
9　平成24年３月16日・前掲注２）第6・1。
10　福井地判令和元年７月10日判時2433号98頁。

　ここでは「生徒指導」における教員の業務を分析的に考察して、教員の
業務負担について考察してみましょう。

　生徒指導における教員の業務内容は、以下のように段階を追って把握す
ることができます。

① 平常時での対応（指導）その１：
　　生徒１人と教員１人で「１対１」の対応（指導）をする

② 平常時での対応（指導）その２：
　　多数（複数）の生徒と教員１人で「多：１」の対応（指導）をする

　　この「多」については、クラス担任がクラス全員に対応するホーム
　ルームでの指導、生徒がグループで教員と面談する際の指導等いくつか
　の場面があります。

③ 問題発生後の対応（指導）その１：
　　対象の生徒１人と教員１人で「１対１」の対応（指導）をする

④ 問題発生後の対応（指導）その２：
　　当該問題を巡って多数（複数）の生徒と教員１人で「多：１」の対応
　（指導）をする

　　この「多」については、クラス担任がクラス全員に当該問題を巡って
　行うホームルームでの指導、当該問題を巡って生徒がグループで教員と
　面談する際の指導等いくつかの場面があります。

⑤ 問題発生後の対応（指導）その３：
　　当該問題を巡って対象の生徒１人と教員多数（複数）で「１：多」の
　対応（指導）をする

　　この「多」については、当該問題を巡って当該学年の教員複数名によ

る面談、教頭や校長を交えての面談等いくつかの場面があります。

⑥　問題発生後の対応（指導）その４：

　　当該問題を巡って多数（複数）の生徒と教員多数（複数）で「多：多」
の対応（指導）をする

　　この生徒の「多」については、対象生徒を含む場合も、対象生徒を外
して周囲の生徒だけの場合もあります。教員の「多」については、学年
の教員複数名による面談、教頭や校長を交えての面談等いくつかの場面
があります。

　　ここで、それぞれの段階について、教員の働きを具体的に見ることに
よって、その業務負担を考察してみましょう。

1　①の段階（平常時＋1：1）

　教員は、通学時から下校時まで、学校の内外を問わず、頻繁に生徒と顔
を合わせます。学校の中でも、授業、ホームルーム、部活動の時間にとど
まらず、廊下でのすれ違いまでも含め、生徒と顔を合わす機会は実に多く
あります。担任をしている生徒に限っても、教員は頻繁に顔を合わせてい
ます。一言の「おはよう」「さようなら」にとどまるときもありますが、
廊下での立ち話、放課後のちょっとした会話等、何も問題が起こっていな
い段階（平常時）で生徒と話す機会は実に多くあります。そのような段階で、
生徒とのコミュニケーションを日々積み重ねることが大事です。担任をし
ているクラス生徒であれば、必ず一日に一度以上は短くても会話をすべき
です。中には、教員と話したがらない生徒もいますが、そのような生徒で
も必ず生徒の目を見て、声を掛けます。そして、このような平常時のコ
ミュニケーションの中から、例えば、いじめにつながるような事柄も知り
得たりすることがあります。

2　②の段階（平常時＋多：1）

　授業時間、ホームルーム等で、生徒と一律に接する時間も個別に生徒を

理解したり、生徒とのつながりを育んだりできる時間になります。

　何人かの生徒が集まって教員に話しかけてくることもあります。また、平常時でも、クラスでのグループ面談を実施することもできます。

　授業等で、クラス全体の様子を見ているとクラスの人間関係について気付くこともあるし、またグループ面談で出た話から見えていなかった問題性が見つかることもあります。

3　③の段階（問題発生後＋１：１）

　例えば、いじめについて生徒から報告を受けたとなれば、これは問題の発生です。まずはその生徒から事情を聞くことになります。また、そのいじめに関して他の生徒（加害者、目撃者等）の個別の面談も必要です。

4　④の段階（問題発生後＋多：１）

　いじめの例だと、複数の加害者の面談、複数の目撃者の面談、ランダムなグループでの聞き取り等を試みる必要があります。ホームルームでの指導もあります。

5　⑤の段階（問題発生後＋１：多）

　いじめの例だと、当該学年の担任全員で被害者の面談をしたり、加害者の面談をしたりすることになります。校長等を加えることもあります。また、各学校に組織されたいじめ対策委員会等のメンバーによる聞き取りの実施も考えられます。

6　⑥の段階（問題発生後＋多：多）

　いじめの例だと、加害者が複数の場合に、当該学年の担任全員で加害者の面談をすることにもなります。校長等を加えることもあります。また、各学校に組織されたいじめ対策委員会等のメンバーによる聞き取りの実施も考えられます。

7　考察

　ここで、教員の業務として考えると、①→②→③→④→⑤→⑥の順に負担が重くなっていきます。

　①と②では、多数（複数）の生徒を相手にする方が個別に生徒と対応する場合よりも、負担が重くなります。次に、問題発生時での対応の方が平常時での対応よりも負担が重くなります。①②よりも③④の段階の方が負担は大きく、また個別よりも多数（複数）への対応の方が負担は重いです。さらに教員の数が増える場合は、③④の段階とさほど差はないという感覚もありますが、複数の教員間で生徒理解の共有等が必要になる分、仕事の負担は大きくなるといえます。

　また、①から⑥の異なる段階では、業務の質が異なります。①②における業務の負担は、③④の業務内容の負担に比して、実質的に軽い一方、この段階の業務をおろそかにしなければ、いじめの早期発見も可能です。そして、いじめについて①②の段階で防ぎとめることができて、③④の段階に進まずに済めば、教員の業務負担は重くならずに済みます。

　教員の業務を見直すという観点において、以上のように段階を追って教員の業務内容を分析すれば、同じだけの時間をかけた業務であっても、業務負担が軽い段階での工夫・努力を重ねて、業務負担が重い段階での業務を減らすことができます。

　生徒指導に限らず、部活動の指導、授業準備、保護者対応においても、以上のような分析的な視点から考察して、教員の業務の見直しをすべきです。

1　教員と医師の類似点

　教員と医師はともに専門職として、様々な類似点があります。

①　免許制の存在

　教員は教員免許がなければ授業をすることができません（教育職員免許法）。また、医師も医師免許がなければ医業をすることができません（医師法）。

　もっとも、教員の場合は教育学部でなくとも大学において必要な単位を取得することで免許を取得できるので国家試験はありませんが、医師の場合は、大学医学部医学科などにおいて必要な単位を取得するだけでなく医師国家試験に合格することが必要です（医師法 2 条）。

②　専門職としての扱い

　教員も医師も一定の専門的知識を有することが必要となりますし、一般的に専門職といわれる点も同じです。ただ、業務内容が異なるため、後述するように専門性・求められる能力・裁量には違いがあります。

③　ほとんど全ての人が一生に一度は接する職業

　弁護士には、一生に一度も相談することがない人もいるでしょう。しかし、教員も医師も、ほとんど全ての人が一生に一度は接する職業という点では類似しています。

④　教員・医師といっても様々

　ひと口に「教員」「医師」といっても、実は様々な教員・医師が存在する点も共通しています。例えば、教員は幼稚園・小学校・中学校・高等学校・特別支援学校など、様々な校種の教員が存在し、教科も国語や数学などの主要教科から、体育・芸術などの実技教科まで様々な教科の教員が存在しており、それぞれ業務内容も求められる専門性の質も異なります。

　また、公立・国立・私立によって身分や適用される法律も異なります。医師も同じく、病院の勤務医、個人事業主の開業医、大学の研究医など様々な働き方があり、診療科も内科・外科など多岐にわたっており、それぞれ業務内容も求められる専門性の質も異なります。また、医師も公立病院、国立大学病院、民間の私立病院、使用者である開業医など、それぞれの身分で適用される法律も異なります。

2　専門性・求められる能力・裁量の違い

　上述したとおり、教員も医師も一定の専門的知識が必要ですが、その業務内容が異なるため、おのずと専門性・求められる能力・裁量が異なります。

　教員の業務は、主な内容としては子どもの発達段階に応じた適切な教育を行うことです。具体的には、生徒に対する教科教育のほか、教務、生徒指導又は会計等の事務、あるいは時間外勤務としての非常災害時における業務等、多岐にわたっています[1]。また、教員の場合、理科教育・芸術教育など様々な教科教育の分野や、特別支援教育などの専門教育などにおいて高い専門性を有する教員が多数いるのも事実ですが、公教育における教育は平等の観点から標準的な教育内容が求められていることから（日本国憲法26条参照）、教員に求められている専門性は一定の水準程度にあれば足りるといえます。そして、一般的に教員に求められる能力は、標準的な教育内容を教える技術の他、多岐にわたる業務を合理的かつ効率的にこなす力であり、教員は校長の監督を受けるので、業務を遂行する上で有する裁量が一定程度あるとしてもおのずと限界があるでしょう（学校教育法37条4項参照）。なお、近時、教員の業務の範囲が拡大傾向にあることが問題視されています。

　一方、医師の主な業務は、患者に適切な医療を提供することです。特に、診療すなわち患者を診察し治療する行為は医師だけに許される行為です（医師法17条[2]）。もともと医療の分野は、高度な知識と技術が求められる分

野ですが、未知の事柄が多く存在し、新たな発見や医療機器の技術の進歩等により業務内容の改善・発展が見込まれるものも存在します。

　そのため、医師に求められる専門性はおのずと高度なものとなり、求められる能力も高い専門的知識・技量といえます。通常、医師は一定の診療科を掲げて業務を行っていますし、また、各学会が医師の知識・技量・経験等により専門医・指導医等の区分をし[3]、学会のホームページ上で専門医等の名簿を公開する等、業界自体が専門性を高めるための努力をしているともいえます。医師の場合、診療が医師だけに許された行為であること（医師法17条）、医師同士でも専門分野や専門性の程度が異なる等の理由から、業務を遂行する上での裁量は広く認められやすいでしょう。

3　教員と医師の働き方改革の比較

　医師は、現在、時間外労働時間の上限などを規定した働き方改革関連法の適用が一部猶予されています[4]。医師の長時間労働の要因は、医師業務の専門性の高さ、医師不足、医師の労働条件、国民の医師へのかかり方など複雑であり、地域や診療科によっても異なります。

　一方、教員は国私立学校であれば働き方改革関連法が適用されていますし、公立学校であっても給特法の改正により、働き方改革関連法とほぼ同じ上限基準の指針（ただし、労働基準法の労働時間とは異なる「在校等時間」が基準になっています。）が適用されています。

1　文部科学省の中央教育審議会、初等中等教育分科会、教職員給与の在り方に関するワーキンググループ配布資料「資料5　教員の職務について」には、「『職務』は、『校務』のうち職員に与えられて果たすべき任務・担当する役割である（具体的には、児童生徒の教育のほか、教務、生徒指導又は会計等の事務、あるいは時間外勤務としての非常災害時における業務等がある。）。『校務』とは、学校の仕事全体を指すものであり、学校の仕事全体とは、学校がその目的である教育事業を遂行するため必要とされるすべての仕事であって、その具体的な範囲は、１．教育課程に基づく学習指導などの教育活動に関する面、２．学校の施設設備、教材教具に関する面、３．文書作成処理や人事管理事務や会計事務などの学校の内部事務に関する面、４．教育委員会などの行政機関

やPTA、社会教育団体など各種団体との連絡調整などの渉外に関する面等がある。」との記載がある。〈https://www.mext.go.jp/b_menu/shingi/chukyo/chukyo 3 /041/siryo/attach/1417145.htm〉（2022年10月 6 日確認）。

2　医師でなければ、医業をなしてはならない。

3　学会により区分は異なる。例えば、日本皮膚科学会では専門医・指導医の区分をしているが、日本消化器外科学会では認定登録医・専門医・指導医等の区分をしている。

4　2024（令和 6 ）年 4 月から医師の時間外労働の上限規制が適用される。また、医師の負担軽減を主な目的とし、タスクシフト・シェアを推進するため、診療放射線技師・臨床検査技師・臨床工学技士・救急救命士の各職種の業務が一部拡大する（診療放射線技師法24条の 2 第 2 号、同施行規則15条の 2 ほか、2021（令和 3 ）年10月施行）。ただし、業務拡大のため必要な研修を受ける義務がある。

終　章

教員出身の弁護士が考える学校の働き方改革について
【座談会】

坂本　順子（弁護士／元公立小学校教員）
原口　暁美（弁護士／元私立中高一貫校教員）
石垣　正純（弁護士／元公立高校教員・元私立中高一貫校教頭）
※発言順
司会：神内　聡（弁護士・兵庫教育大学准教授・私立中高一貫校教員）

❶ 教員の1日の労働時間はどのくらい？

神内　本日は教職経験もある弁護士の方に、教師という仕事の特徴について、弁護士の視点も踏まえた貴重な意見をお伺いしたいと思います。まず、小学校の先生をされていた坂本先生にお聞きします。先生は教員をされていたときの1日の労働時間は大体どのくらいでしたか？ また、どんな業務に時間がかかったでしょうか？

坂本　私は、東京都の公立小学校の教諭でした。音楽専科として1年間勤めまして、その後、学級担任となりました。教員時代は、子育ての期間とも重なっていましたので、保育園のお迎え時間まで働くのが常でした。在校時間としては、午前8時15分から午後6時までです。学校の外に出てみて、普通は「お昼休み」があるのだと気付きましたが、お昼の時間は給食指導、連絡帳の返信、漢字テストの丸付け等をしていましたし、放課後までは休みなく働いている感じでした。業務としては、授業時間が当然一番長いですが、小学校の場合、基本的に全教科を担当していることもあり、授業の準備にも時間が必要でした。

神内　やはり小学校の先生はほとんどの教科を担任の先生が担当しているし、授業の空きコマもほとんどないし、給食指導もあるし、休憩時間が取れないという実態が指摘されていますが、坂本先生のご経験もまさにそのとおりで、ご家庭との両立も大変だったと存じます。

次に原口先生と石垣先生にお聞きします。先生方は中高一貫校に勤務されていたのですが、教員をされていたときの1日の労働時間は大体どのくらいでしたか？ また、どんな業務に時間がかかったでしょうか？

原口　私は、私立の中高一貫女子校の国語科教諭をしていました。業務内容は、クラス担任として生徒指導などに関わること、授業に関

すること、部活動（演劇部顧問）に関することが主でそれらに費やす
時間がかなり多かったです。部活動の朝練があれば、7時30分に学
校に出ます。生徒の（通常の）下校時刻が17時でした。生徒が帰っ
てから、学校でしなければならない残務を終わらせ、家に帰ってか
ら授業準備にかかり、教師になってしばらくは、授業準備は深夜に
及びました。土曜日も授業はありましたが、教師は、週に1日、研
究日として登校しなくてもいい日を与えられていました。

石垣　勤務時間の話、すごくしづらいですね（笑）。教諭として吹奏
楽部の顧問をしていた時期には、朝は午前8時出勤で、平日は午後
6時までは部活動でしたから、帰るのは午後8時頃だったと思いま
す。土曜に講習がある学校だったので、午前中には講習を、午後に
は部活動で帰るのは午後5時くらいです。日曜日にも午前10時から
午後4時までをコアとして部活動をしていました。全寮制の学校に
勤務していたこともありましたから、そのときは夜勤もありました。
夜勤の日も夜勤明けの日にも特別に休みなどなく、つらかったです。
週に17時間全て違う授業をしていた年もあり、平日は教材研究が一
番、土日も考えれば部活動に一番時間を使っていたと思います。

神内　お二方とも授業準備、そして部活動での勤務時間が長いです
ね……。私も中高一貫校の教員ですが、特に高校は授業の内容もそ
れなりに専門的なので準備も必要ですし、何より部活動顧問の仕事
が大変だと思います。それにしても石垣先生の週17時間全て違う授
業をしていたご経験は凄まじいです……。石垣先生は管理職のご経
験もあるのですが、管理職としての労働時間は1日どのくらいでし
たでしょうか？　やはり、一般の教員よりは忙しかったでしょう
か？

石垣　常勤の最後の4年間は教頭職だったのですが、学校に生徒がい
る間は学校にいるようにしていましたから、平日の出勤は午前7時

15分前後、退勤が午後8時過ぎだったと思います。土曜日も講習があある学校だったので、朝は平日と同じ時間に出勤して午後3時まで勤務でしたし、秋以降の学校説明会の季節や受験シーズンには日曜出勤もありました。ただ、授業も10時間程度持っていましたが部活動をしていなかったので、教諭時代より特に忙しかったという感じはありません。とにかく学校にいて、様々な問題に対応する体制でした。

神内　なるほど、やはり部活動の有無が多忙の要因なのですね。とはいえ、管理職は多忙さと責任の重さなどもあいまって、一般教員よりも実は心労が多いのではないかと思います。

❷ なぜ教員は忙しい？

神内　管理職に限らず、あらゆる職種の中でも教師は本当に激務だと言われています。なぜ教師は忙しいのか、原因についてどのようにお考えですか？

坂本　小学校の場合は、低学年なら音楽や図工も担任が教えますし、同じ授業を別のクラスで実施することも基本的にはないので、色々な教科の授業準備をしています。子どもたちもまだ幼いので、保護者との連絡も多いのではないでしょうか。休み時間、給食の時間、掃除の時間等、生活している状況にも目を配っていなければなりません。空いた時間があれば、印刷したり、連絡帳を書いたり、採点をしたり……と細々した作業も多いと思います。生活の時間も子どもたちと共に過ごす一方で、教師としてやらなければならないことも多岐にわたるため、激務になるのではないかと思います。

原口　理念的には、教師が教育に携わっていることにあるのかと思いますが、この理念を言い出すと合理的な働き方を導くという今の流れには添わないですね。ただ、いい教育を行うため、生徒と触れ合

う時間を多く持つ、授業の準備を丹念にする、部活指導（技術の指導もありますが、クラブとしての在り方等を考えさせる指導も）に時間をかける等をおろそかにはできません。そして、これらにかける時間は極端に言うとエンドレスです。ただ、教師の仕事の見直しは必須で、例えば、国語で日々行う漢字テストの採点・採点結果入力等をサポートスタッフに頼めるだけでも違います。でも、生徒の漢字テストを採点しながらその生徒の努力等を感じることは大事、などと思うとまた時代の流れに逆行しますね。

石垣　私は、基本高校の教員なのですが、私の高校時代には、教師が多忙に見えたことはありませんでした。社会の変化により生活指導上の責任が増え、進路指導についても推薦入試やAO入試といった様々な受験方法に対応できるように指導を拡大していった結果、現在、教師が多忙になったのではないでしょうか。また、様々な記録をきちんと残さなければならない時代ですから、紙の仕事も増えていると思います。

神内　確かに、年配の先生に聞くと、昔は今ほど忙しいと感じたことはなかったという話も聞きます。教師は本質的に子どもと接し、寄り添う仕事なので、子どものためにしようと思えばできることはいくらでもあるし、子どものためにできることならできる限りやりたいという気持ちを持つのも自然ですよね。

❸ 教員はタイムマネジメントを意識している？

神内　一方で、教師の長時間労働を改善するために学校の働き方改革も進められていますが、なかなかうまくいっていません。その理由として、給特法などの法律の問題だけでなく、教師自体の働き方の特徴にも問題があると言われます。先生方も教師をされていた時は労働時間やタイムマネジメントを意識されていましたか？

坂本　子育てと仕事を両立させるには、タイムマネジメントは自ずと意識せざるを得ませんでした。教師の仕事は、授業だけでなく行事に関係することもありますし、生活指導に関することも事務仕事もあり、本当に切りがないのですが、保育園のお迎えまでという限られた時間の中で、自分の仕事の段取りや働き方を常に工夫するよう心掛けていました。なぜか忙しいときに限って子どもたちが熱を出したり具合が悪くなったりしていましたので、先々を見据えて働くということが習慣化していったのだと思います。

原口　ぶっちゃけ、給料が減ってもいいから仕事を減らしくれ！　と思った（言ったかどうかは記憶にないのですが）ことはよくあります。教師の働き方は、先に言いましたように、それが教育に携わるところに重みがあります。労働者として労働しているというよりも教育者として教育しているのです。時間管理は苦労しました。生徒指導で私が思い至った（悟った）のは「平時に稼ぐ」ということでした。例えば、いじめ問題のような事が起こると教師が負担する時間と精神的負荷は相当なものです。事が起こる前に生徒との良き関係性を築くために時間を使う。朝の授業前、休み時間、昼休み、放課後等々、僅かの時間でいい、生徒と一言二言言葉を交わすだけでいい、それで信頼関係は少しずつ手厚くなります。もし事が起こったとしてもその修復が楽になります。私は、新入生や、クラス替え後の新メンバーのフルネームを新学期１週間で覚えるようにしました。先生が自分を知ってくれている、見ていてくれる、それだけで関係性は良くなり、関係性を良くすることがタイムマネジメントの鍵となりました。

石垣　労働時間の話は「しづらい」と話をしましたが、お恥ずかしながら労働時間やタイムマネジメントを意識したことはほとんどありませんでした。夜勤をしているときや、秋に土日が全て出勤になる

ような週には、月を眺めて恨めしい思いはしていましたが（苦笑）。

神内　私も恥ずかしながら、労働時間を意識できずに労働していたように思います……。実は弁護士の中にも、タイムマネジメントが苦手な人は多いように思います。坂本先生のお話のように、子育てと仕事の両立という意識がタイムマネジメントの意識につながったり、原口先生のお話のように、平時の仕事のあり方が結果的にタイムマネジメントにつながることは、とても参考になります。

④ 部活動は教員の仕事？

神内　また、既に話題に出ていますが、教師の働き方改革を進める上で特にハードルが高いのが部活動です。これについてはどのようにお考えでしょうか？　また、そもそも、学校で部活動は必要でしょうか？

坂本　私は小学校の教師だったため、部活動指導者をしたことがありませんので何とも言えませんが、親として部活に関わってきた経験からは、顧問の先生は、土日の大会の引率や朝練などにも対応していて、自分の時間を削って生徒たちのために働いているという印象を受けました。目標を持って何かを成し遂げる部活動での経験は、生徒たちにとって貴重だと思います。その成長があるからこそ先生方も頑張れるのだと思いますが、人が働ける時間には限界もありますから、もっと分業してはどうかと思います。ワークシェアリングのようなイメージを持っているのですが、部活動の場合、この顧問の先生だからこそ指導できる、という領域もあるようなので、指導者の育成も欠かせないのではないでしょうか。

原口　部活動を生徒は実に大事にします。廊下ですれ違うときに、先生には礼をしないが、クラブの先輩には礼をする、ということもあります。自分の居場所をクラブ活動に見出す生徒は多いです。先輩

に憧れて、また自身が憧れを受ける先輩となる。そこにも生徒の確かな成長の形があります。私は部活にも力を入れました。生徒が大事にしている部活動をまず顧問が大事にする、それは当然のことです。演劇部でしたから、何かとトラブルがあり（上演脚本のこと、演出のこと、舞台装置のこと、練習時間のこと等々）顧問として生徒の希望が通るようにサポートしました。私は、演劇部の卒業生に頼んで、公演が近づくと、演技指導等を頼みました。クラブのことをよく知っているので、安心して任せられましたし、部員もよく話を聞きました。

石垣　活動時間を決める、勝利至上主義を改める等のことが必要でしょうが、「教育の目的」は「人格の完成」とされており、教員は教育をつかさどるわけですから、子どもたちの体と心の成長に資する活動は教員の職務だと今でも考えており、部活動はそれに当たります。「人格の完成」のためには、様々な場面で子どもたちに自己肯定感を持たせることが重要で、教員は教科指導だけしていればよいという主張には賛同できません。

神内　私も先生方と同じように学校で部活動をやる意義はそれなりにあるのではないかと考えていて、教師は子どもの勉強以外の姿を観察する力を養えますし、どのような家庭環境の子どもであっても学力以外の非認知能力や大人になっても楽しめる趣味を持てるきっかけになるのではないかとも思います。また、坂本先生のお話のように、ワークシェアリングの観点からの指導者育成というのは面白いですね。

❺　学校でしなくてもよい業務はある？

神内　働き方改革に取り組んでいる学校では朝礼での連絡事項、会議、学校行事等を削減したり、生徒指導や保護者対応を簡素化する動き

が見られます。最近では若手教員を中心に、「教員は授業に専念すべきであり、授業以外の業務はすべきではない」という意見も強まっています。文科省も「学校以外が担うべき業務・学校の業務だが必ずしも教師が担う必要のない業務」といった区別を示していますが、先生方は学校でしたほうがよい業務、しなくてもよい業務についてはどのように思われますか？

坂本　学校における学習指導・生活指導・特別活動は、当然、学校が担うべきことですから、これに必要な会議や学校行事については、簡素化や効率化はともかくとして、削減するというのは本末転倒だと思います。一方で、学校外で起きたことについての生活指導まで学校に担わせるのは酷です。現在の学校を取り巻く状況を見ていると、学校外で起きたことでも、学校に相談がくれば先生方が対応し、生徒や保護者間の機微な調整もしていると思います。仕事に終わりがないと感じるのは、単に就労時間の問題だけではなく、下校後の出来事まで学校が対応せざるを得ない現状が影響しているのではないでしょうか。細かな業務を整理して働き方を変えることも必要ですが、海外のように下校後は学校が担う問題ではないと割り切ることができるようになれば、学校の負担感はかなり違うと思います。

原口　ここまで言ってきているように、学校は教育の現場であり、教師は教育をしている、という理念を押し殺すことはできないでしょう。授業準備は相当な時間が掛かるからといって、生徒指導を誰に代わってもらえるのでしょうか。私は、クラス担任の仕事、授業、部活動、この三つをどれも手を抜かずにやりました。これらは、教育として相互に関連します。授業をきちんとしてくれる教師を生徒は信頼するし、自分たちが大事にしている部活を同じように大事にしてくれる教師を生徒は信頼します。そのような信頼の基盤があれば、生徒指導も功を奏します。教師の働き方改革に簡素化はありま

せん。合理化があるだけだと思います。事が起こる前に良き信頼関係を築く等、どの時間にどのような事をすべきかという、合理化への模索をすべきでしょう。

石垣　学校外での登下校の見守りなどは、教員が携わる必要はないと思います。通学路の管理の問題は自治体の問題であり、これに学校側が苦慮するのは腑に落ちません。また、欠席児童・生徒については、まず、保護者の側から連絡すべきであると思いますが、徹底はされていないようです。教材購入や成績管理も教員の業務からは外してよいのではないでしょうか。清掃の外注化も必要です。教員が生徒と共にトイレ掃除をする必要はないのではないでしょうか。最近では、毎日のように学校の状況をウェブサイトに載せる学校もありますが、これも外注化できると思います。家庭訪問については、縮小傾向です。少年事件や虐待事件を扱う弁護士としては、教員による家庭訪問には一定の意味を感じていますが、必ずしも教員が行う必要はないかと思います。

神内　確かに、海外では「校門を出たら学校の責任ではない」というコンセンサスが定着しているように思います。一方で日本の教育には生徒指導や保護者対応が教員と子どもの信頼関係の根底になっている部分もあるので、教師が担うべき業務とそうでない業務を明確化していく難しさがありますね。その中で、本来は保護者の責任で行うべき事項が学校に持ち込まれているようにも感じます。例えば、LINE上の友人関係やSNSの使い方の問題などは本来保護者の管理下にある子どものネット利用の話なので、学校が対応するのが当然ではないと思います。

❻ 教員にはどんなワークルールがなじむ？

神内　さて、教員の労働時間の改善については、多くの論者によって

様々な法制度の改革案が示されています。最も多いのは、給特法を廃止して教師にも労働基準法どおりに残業代を支払うべきであるという意見ですが、教師の仕事は夏休みのような閑散期があることから１年単位の変形労働時間制を導入すべきであるという意見もあります。実際に、１年単位の変形労働時間制は既に多くの国私立学校で導入されており、条例によって公立学校でも導入できるようになっています。こうした教員の労働時間に関する様々な制度や意見についてはどのようにお考えでしょうか？

坂本　給特法の範囲には該当しない業務が、なし崩し的に事実上給特法の枠内に取り扱われている現状には疑問がありますが、変形労働時間制は、年間を通して見たときに労働時間が平均化した形にするもので、結局、日常の激務は改善されないのではないかと思いますし、勤務時間が正確に把握できるのかという問題もあると思います。

原口　教師の働き方改革と、現在の法制度をどう適用させるのがいいかというのは、また別の議論かもしれません。例えば、残業代等を労務時間に対応させるとしても、他の業種に比べて、その労働時間の質の相違が問題になるかもしれません。

石垣　業務の縮減や部活動の外注化が実現するのであれば、タイムカードでの時間管理を徹底し、残業代を払うようにするのもよいのかもしれません。ただ、日本の学校現場は巨大であり、私企業同様の残業代の支払は現実的ではないように感じています。変形労働時間制は、より柔軟で教員の働き方になじむものとは思いますが、計画的な勤退管理の問題があり、現在の学校事務の人的体制では、さばききれるか疑問です。

神内　現在はまだ法的に認められていませんが、教員に裁量労働制を導入するのはどうか、という意見もあります。これについてはどう思われますか？

石垣　大学では「専門業務型裁量労働制」が導入されていますが、主に「研究」に従事する教員が対象と聞いています。高校教員の授業時数は週当たり16〜20時限ほどでしょうから、ぎりぎり大学の教員同様の制度が許容されるかもしれません。しかし、勤務時間のほとんどを「教育」に取られている小中学校教員にはなじまないのではないでしょうか。

坂本　小学校の場合も一応専門性をもって勉強していますが、高校や大学の先生方のような「研究」のレベルではないですから、石垣先生のご指摘のとおりだと思います。

原口　授業に関しては、一定の専門性は認めていいかと思います。ただ、大学教員が従事する研究とまでは言えないでしょう。

神内　確かに、教員の仕事には裁量労働になじむ面とそうでない面があるのが難しいところです。また、教員の労働時間を考える上では教師の専門職としての側面と労働者としての側面の二つの面から考える必要もありますね。ちなみにドイツでは残業したら残業代の代わりに残業時間分の休暇を取得する「労働時間貯蓄制」を導入していて、実は私の勤務する中高一貫校でも時間代休制度を活用してこれに類似する労働時間制度を導入したのですが、手続が煩雑なので自由に自分のペースで働きたい先生方にとっては賛否両論があります。

❼ 教員の仕事の成果はどう評価する？

神内　また、教員の働き方が問題になっている一方で、教員の能力差が反映されない賃金体系も不公平だという意見もあります。民間企業と同じように、教員にも成果主義や賞与の格差を導入すべきでしょうか？

坂本　難しい問題ですね。根本的に、教育の成果は今日明日に見える

というものではありませんから、成果主義や賞与格差はやはりそぐわないと思います。

原口　成果主義、賞与の格差を導入することは難しいでしょう。それは、報奨を意味し得ると同時に負の評価がされることも意味します。特に学校現場が教育現場であることを考えると、教育の成果が何で、それをどう測るかは難問です。

石垣　私の勤務校では、毎年、授業に対する生徒の評価、勤務状況についての自己申告、学年主任からの評価などの資料に基づいて、管理職が協議して最終的に判断する形で賞与を増減させるなど、一定程度の成果主義が導入されていました。その年に部活動や進路指導など数値化や表面化しやすい場面で目覚ましい成果を上げた教員については評価しやすいのですが、特段目立つ成果はないがコツコツと努力している教員など、それ以外の教員についての評価には難しいものがありました。

神内　確かに、日本の教員の仕事は成果主義になじまない面が多いように思います。例えば、アメリカでは「付加価値モデル」と呼ばれる、子どもの学力が統計的データに基づく予測値と比べてどの程度伸びたかを教師の成果として給料に反映する制度が導入されていますが、必ずしも効果があるわけではないようです。日本の教員は学力向上以外にも生徒指導や不登校・いじめ対応などの数値化しづらい仕事も数多く担っているので、民間企業のような成果主義の導入は難しいかもしれないですね。ただ石垣先生の勤務校のように数値化できる部分は成果主義を導入することは検討してもよいかもしれません。

❽ スクールロイヤーは労働問題にどう取り組めばよい？

神内　それでは、最後の質問です。先生方は教員出身の弁護士という

立場であり、スクールロイヤーと呼ばれる学校からの相談を担当されている弁護士でもあります。ただ、現在ではほとんどのスクールロイヤーは教員の労働問題については相談を受けていませんし、日弁連や文部科学省もスクールロイヤーの業務に教員の労働問題を含めていません。教職経験のある弁護士としては、教員の労働問題にどのように取り組んでいけばよいか、先生方のご意見を聞かせていただけますでしょうか？

坂本　弁護士としての立ち位置の話でもあるのですが、私の場合、組織としての学校を支えたいという思いから法曹に入りましたので、現在、教育委員会との連携が主となっています。スクールロイヤーにはそういう立ち位置の人も多く、コンフリクトを避けるため、教員側からの労働相談には携われないのではないかと思います。ただ、その場合でも使用者側（任命権者側）から先生方の労働環境を考えていくことはできると思います。

原口　教師の労働問題に対して、教育現場を知っている弁護士として、教師の立場を理解してのアドバイスはできると思います。弁護士として法的アドバイスをする、元教師経験者として現場に即したアドバイスをする、その両様が考えられます。あるいは双方からのアドバイスもできそうです。教師の悩みが、法的に解決できるのか、現場志向で解決するのがいいのか、その見極めはできそうです。ただ、スクールロイヤーとなってしまうと、相談を受けることにも利益相反の危険性があり困難かと思われます。

石垣　そもそも弁護士として労働事件に強いかどうかの問題があるかと思いますが、刑事・少年事件と家事事件や交通事故などをメインに取り扱っている私の場合には、労働事件を多く扱ったことがあるわけではなく、現時点でこの分野への取組みは端緒にあります。教育現場を知るものとして、興味を持ってより積極的にこの問題に取

り組んでいきたいと思います。スクールロイヤーの中には労働事件に強い弁護士もいますから、その活用を期待します。

神内　教師として働いた経験がある弁護士だからこそ、教育と法律の双方の専門家の視点から、教師の労働問題について今日の座談会でのお話のようにリアルな現場の労働実態に基づいた法的アドバイスが期待されているし、スクールロイヤーとしてどのように労働問題に取り組んでいけばよいか、リスクや難しさも含めて議論していかなければならない想いも強いですよね。

本日はお忙しいところ、本当に貴重なご意見をいただき、どうもありがとうございました。

あ と が き

　本書を最後まで読んでいただき、ありがとうございます。読者の方の中には、これまで悩んでいた問題の解決策を見つけた方もいらっしゃるでしょうし、モヤモヤした読後感をお持ちの方もいらっしゃるかもしれません。

　この「あとがき」では、本編では書きづらかった、ごく個人的な考えを書き連ねていこうと思います。

　私は、弁護士の立場で、学校から働き方に関する法律相談等を受けているのですが、法律学と教育学、又は法律実務と学校現場は、どうも遠い関係にあるようです。教員免許を持つ弁護士はまだまだ少数ですし、小・中・高校での教員経験がある弁護士は極めて稀な存在です。教育委員会や学校法人の顧問弁護士を務め、あるいはスクールロイヤーとして活動している弁護士であっても、そのほとんどは、教員免許を持っておらず、教員経験もないのが実情です。私自身も、その多数派の弁護士の一人です。

　本書は、現役の弁護士が中心となって執筆したものです。中には、教員免許を持ち、教員経験のある執筆者もいますが、執筆者の多くは、基本的に法律家側の人間です。学校で何かトラブルが起きたときに、弁護士をはじめとした法律家が使う物差しは、当然ながら法律です。法律の要件に当てはめて、違法かどうかを判断するのが、我々の仕事です。

　しかし、学校の現場では、法律が想定しない出来事が日々起きているでしょうし、法律を機械的に適用すると、かえって非常識な結論になってしまうことも珍しくありません。往々にして、法律家には、全

ての事象を法律で解決しようとする悪い癖、あるいは法律によってこそ妥当な解決を導けるという思い込みがあるのですが、法律は万能ではないのです。

　おそらく、学校現場で教育に携わっている教員の方々は、法律とは別の物差しで、学校で起きるトラブルに対応されているのだと思います。本書の共編者である神内聡弁護士は、「弁護士は演繹的に考え、教員は帰納的に考える」という比喩を用いて弁護士と教員の思考の違いを説明しています。法律というルールに当てはめるのではなく、多くの事例の積み重ねから得られた経験に基づいてトラブルを解決しているということなのでしょう。用いる物差しが異なる以上、事案によっては、法律家の考える正解と、教員の考える正解が異なることもあります。私は、法律と教育は本質的に相いれないものではないと考えていますが、実際に学校からの相談を受けていると、両者の間には距離があるように感じられます。

　近年、学校現場においてもコンプライアンスが重視されるようになり、学校の「法化現象」という指摘がされるようになりました（坂田仰「価値観の多様化と学校教育の法化現象」スクール・コンプライアンス研究1号6-13頁）。こうした現象は、見方によっては「法律の方から教育に近づいている」と言うこともできそうです。もちろん、学校といえども治外法権ではないですし、学校教育には公費が投じられていますから、法律に基づく教育が実践されるべきことは言うまでもありません。また、体罰などの違法行為があれば、是正されるべきことは当然です。この意味では、教育実務に携わる教職員も、法律について最低限の知識を身に付ける必要があります。

　一方で、教育の素人である法律家が、法律を唯一の物差しとして学校現場を規律しようとしているのだとしたら、強い違和感を抱きます。

弁護士や裁判官が、法律の文言を絶対視して、教育学の知見や教員の経験を軽視することがあるとしたら、他の学問分野や専門家への敬意を欠く態度と言わざるを得ません。自戒を込めて申し上げるのですが、法律家もまた、学校教育のトラブルに関わる以上は教育について最低限の知識を身に付けるべきですし、少なくとも、そのような姿勢を持つべきでしょう。

　本書でも紹介したように、最近では「学校はブラック職場である」という報道を目にすることが多くなりました。教員の志望者も減少傾向にあり、公立・私立を問わず、小・中・高校は教員不足の時代が続きそうです。本書では、教員の働き方、特に労働時間に関わるQ＆Aを多数収録しましたが、教員の労働時間は、地方公共団体が設置する公立学校と、それ以外の学校（国立大学法人、公立大学法人又は学校法人が設置する学校）で適用される法律が異なるため、議論が錯綜する論点の一つです。裁判例の蓄積が少ないことに加え、教育行政は文部科学省、労働行政は厚生労働省と、所管する官庁が異なることもあり、解決への糸口を見いだすことすら難しいこともあります。
　教員の負担軽減については、文部科学省や各地方公共団体において様々な施策が講じられていますが、今のところ特効薬になりそうなものは見当たりません（先進国の中で最低水準と言われる教育予算を倍増させ、教職員の数も倍にすれば、たちまちホワイト職場に変わると思うのですが…）。弥縫策を講じているうちに学校現場が破綻することがないよう、願うばかりです。

　本書に掲載されたQ＆Aの多くは法律家の観点から執筆されたものですが、教員の働き方の実務において、法律と教育の架け橋を目指したものでもあります。学校をめぐる法的紛争には、唯一の正解がない

あとがき

ことも多く、法律の文言を見つめるだけでは妥当な解決につながりません。保護者対応、教員の労働時間、部活動の在り方、コロナ対策など、そのような紛争事例を挙げていけば際限がありません。

　また、本書のＱ＆Ａは、法的な正解を示すことだけではなく、正解のない問題を考えるための手がかりを示すことをも意図しています。本書を読み終わった方には、「結局正解は何？」という歯痒さが残っているかもしれませんが、未解決の論点だという問題意識を持っていただけたとしたら、まさに本書の意図するところです。序章でも述べられているように、本書の目的は、より良い教育のために必要なワークルールを、弁護士と先生たちがともに考えるきっかけとなることです。本書の問題意識が議論の端緒となり、妥当な解決へたどり着く一助になることがあれば、大変うれしく思います。

　末尾となりましたが、多忙な実務の中、執筆にご参加いただいた執筆者の皆様に感謝いたします。また、日本加除出版株式会社編集部の山口礼奈氏には、長期間、編集作業にご尽力いただきました。この場を借りて御礼申し上げます。

　2022年10月

弁護士・同志社大学法科大学院客員教授

小　國　隆　輔

事 項 索 引

事項索引

わ

判 例 索 引

編著者（執筆順）

じんない　あきら
神内　聡　弁護士（東京弁護士会）／兵庫教育大学大学院准教授・
私立中高一貫校教員・文京区スクールロイヤーほか

序章・TeaTime 1・TeaTime 2・Q 1・Q 2・Q 5・Q 7
Q16・Q20〜24・Q34・TeaTime 4・終章担当

おぐに　りゅうすけ
小國　隆輔　弁護士（大阪弁護士会）／同志社大学法科大学院客員教授・
学校法人金蘭会学園監事

Q 3・Q 7〜9・Q12・Q13・Q15・Q35〜37・Q40担当

さかもと　よりこ
坂本　順子　弁護士（第一東京弁護士会）／元公立小学校教員（東京都）

Q 4・Q 6・Q11・Q14・Q41・終章担当

執筆者（執筆順）

いがらしゆみこ
五十嵐裕美子　弁護士（第一東京弁護士会）

第 1 章第 1・2担当

いそざきなおこ
礒﨑奈保子　弁護士（東京弁護士会）／学校法人竹早学園理事・
文京区スクールロイヤー

Q 5・Q24・Tea Time 4担当

はらぐち　さとみ
原口　暁美　弁護士（東京弁護士会）／元私立中高一貫校教員

Q10・Tea Time 3・終章担当

いしがき　まさずみ
石垣　正純　弁護士(千葉県弁護士会)／元公立高校教員・元私立中高教頭

Q17〜19・Q25・Q26・終章担当

おみのたつゆき
小美野達之　弁護士（大阪弁護士会）／早稲田大学非常勤講師・
戸田市教育委員会ロイヤー・大阪府私立学校審議会委員

Q27〜29・Q31・Q32担当

きむらなおこ
木村菜生子　弁護士（東京弁護士会）

Q30・Q33担当

おじま　しゅういち
小島　秀一　弁護士（東京弁護士会）／早稲田大学大学院法務研究科
非常勤講師・茅ヶ崎市いじめ防止対策調査会副会長・
NPO法人ストップいじめ！ナビ 理事

Q38・Q39担当

学校と教師のための労働相談Q&A41
——スクールロイヤーと学ぶ学校の働き方

2022年11月30日　初版発行

編著者　　神内　　聡
　　　　　小國　隆輔
　　　　　坂本　順子

発行者　　和田　　裕

発行所　　日本加除出版株式会社
本　社　　〒171−8516
　　　　　東京都豊島区南長崎3丁目16番6号

組版・印刷・製本　大日本印刷㈱

定価はカバー等に表示してあります。
落丁本・乱丁本は当社にてお取替えいたします。
お問合せの他、ご意見・感想等がございましたら、下記まで
お知らせください。

〒171−8516
東京都豊島区南長崎3丁目16番6号
日本加除出版株式会社　営業企画課
電話　03-3953-5642
FAX　03-3953-2061
e-mail　toiawase@kajo.co.jp
URL　www.kajo.co.jp

© 2022
Printed in Japan
ISBN978-4-8178-4791-1

第2版
学校内弁護士
学校現場のための
教育紛争対策ガイドブック

神内聡 著

2019年8月刊 A5判 240頁 定価2,640円(本体2,400円)
978-4-8178-4581-8

商品番号：40641
略　　号：学弁

- 学級担任を務める弁護士が教える、活きた教育紛争対策サポートブック。

- 学級担任・部活動顧問・学年主任等、現場の教員が直面するそれぞれの法的問題をはじめ、教育紛争の初期対応や保護者のクレーム対応等を類型化し、教育現場の実情を知る弁護士として法的予防策・解決策を提示。

スクールロイヤー
学校現場の事例で学ぶ
教育紛争実務Q&A170

神内聡 著

2018年7月刊 A5判 488頁 定価4,950円(本体4,500円)
978-4-8178-4494-1

商品番号：40726
略　　号：スクロ

- 東京都の私立高校に勤務する現役教師でありながら弁護士資格も持つ、日本で最初の「学校内弁護士」が、学校現場の問題をQ&Aで解説。

- 「教師」と「弁護士」双方の視点で法的予防策・解決策を示す、学校問題に関わる全ての人のための170問。

日本加除出版

〒171-8516　東京都豊島区南長崎3丁目16番6号
TEL (03)3953-5642　FAX (03)3953-2061（営業部）
www.kajo.co.jp